LOS CUADERNOS DEL
dibujante

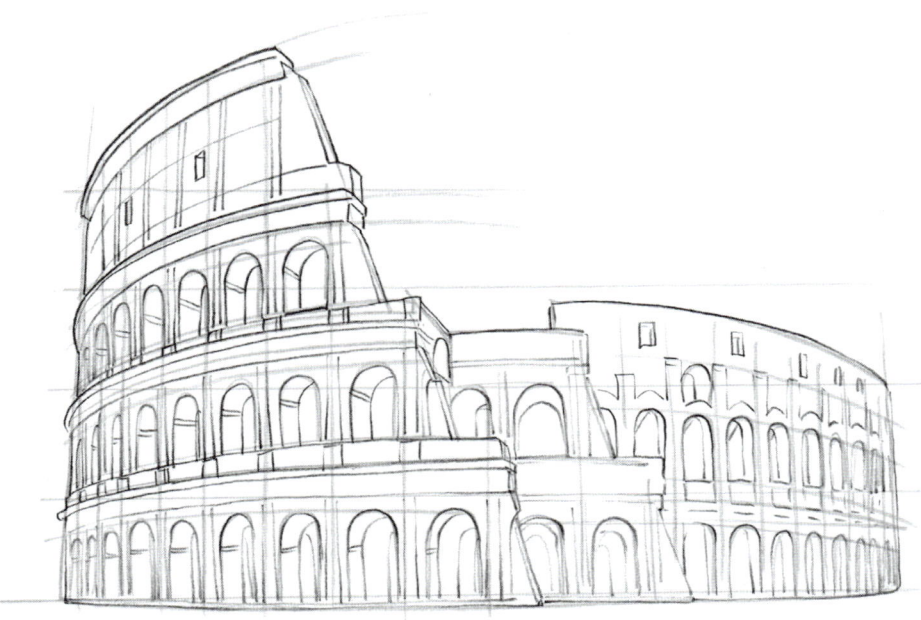

LISE HERZOG

EDIFICIOS Y CIUDADES
50 MODELOS PARA EMPEZAR

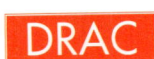

ANTES DE EMPEZAR...

Incluso un elemento arquitectónico de apariencia compleja puede ser dibujado a partir de formas sencillas. Existen tres formas geométricas básicas: el cuadrado, el triángulo y el círculo. Estas formas dan lugar a los volúmenes del cubo, la pirámide y la esfera. A veces, uno solo de estos elementos basta para construir el dibujo de una edificación. También se pueden unir sencillamente sus formas básicas.

La única dificultad es la de lograr dar la sensación de volumen y que el conjunto de nuestra edificación no se caiga. Y para lograrlo existe la perspectiva. No es necesario ser un as en este campo. Lo único que hay que tener en cuenta es lo siguiente: lo que está cerca de nosotros es más grande que lo que se encuentra lejos.

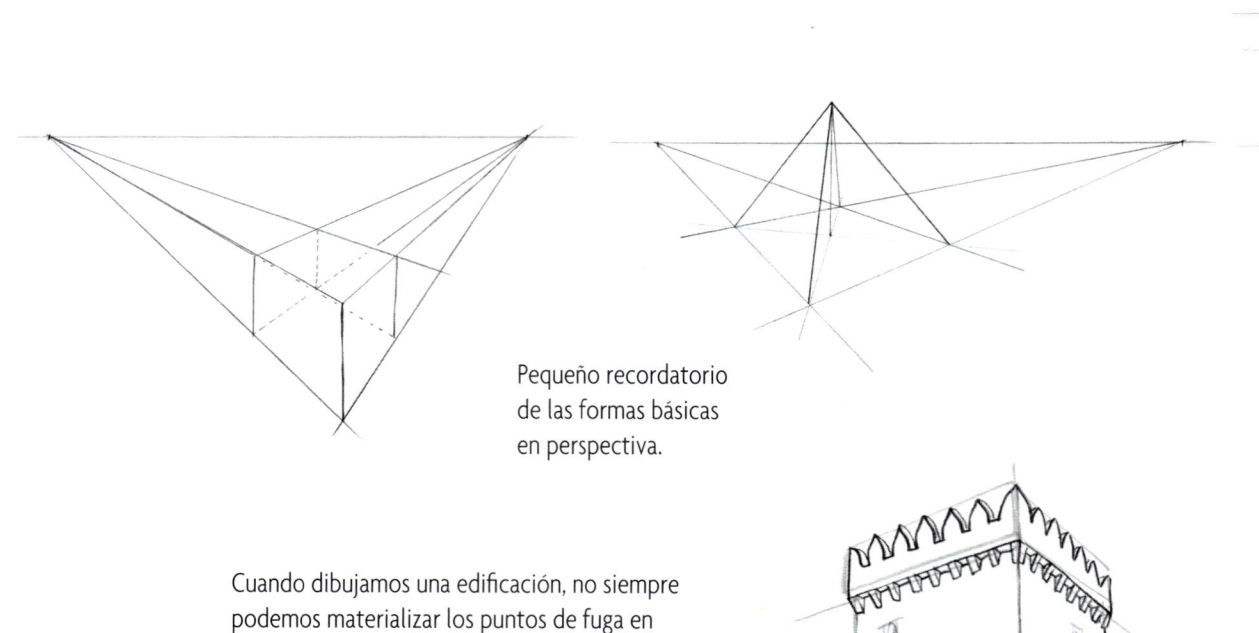

Pequeño recordatorio de las formas básicas en perspectiva.

Cuando dibujamos una edificación, no siempre podemos materializar los puntos de fuga en nuestro papel, puesto que a menudo se encuentran fuera de él. Por tanto, tenemos que imaginarlos.

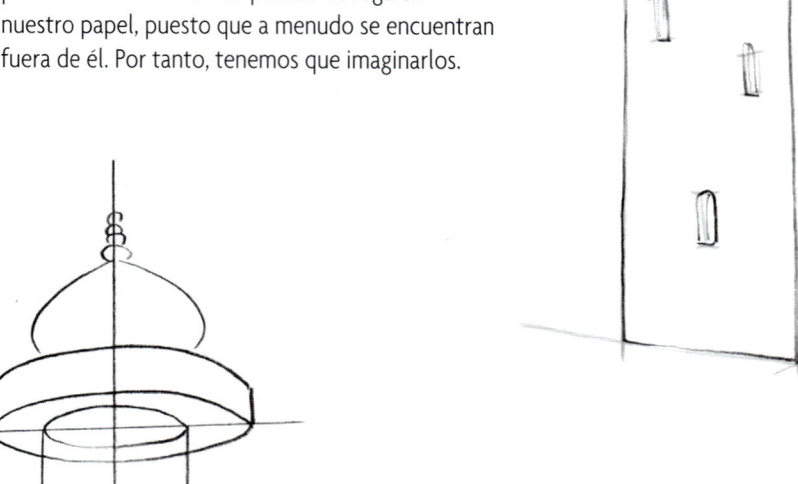

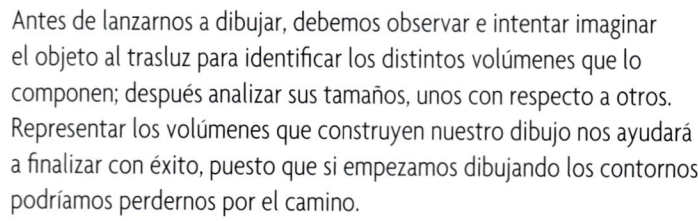

Antes de lanzarnos a dibujar, debemos observar e intentar imaginar el objeto al trasluz para identificar los distintos volúmenes que lo componen; después analizar sus tamaños, unos con respecto a otros. Representar los volúmenes que construyen nuestro dibujo nos ayudará a finalizar con éxito, puesto que si empezamos dibujando los contornos podríamos perdernos por el camino.

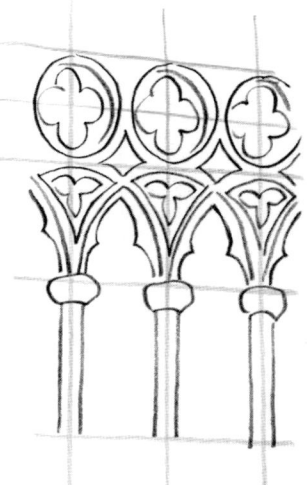

No hay que dudar en trazar líneas verticales y horizontales como una cuadrícula sobre la que se situarán los elementos y los detalles. Eso nos dará más seguridad y aportará estabilidad al conjunto.

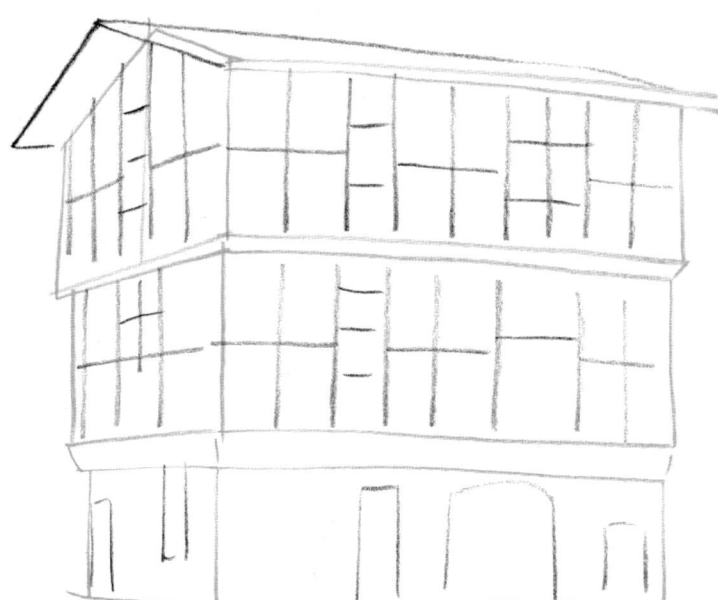

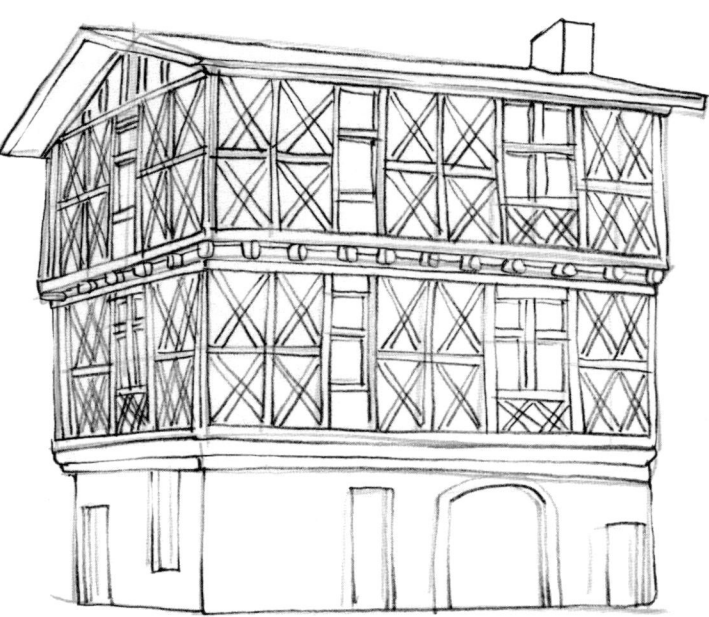

Empezamos dibujando una estructura de volúmenes sencillos, a la que se viste con los contornos y los detalles. En esta etapa es preferible utilizar el lápiz de grafito, que se borra fácilmente. Permite comenzar con suavidad.

A continuación, para terminar nuestro dibujo, todos los instrumentos son posibles. Algunos permiten obtener trazos más o menos oscuros, según la presión ejercida en la punta, como los lápices y minas de grafito. Otros, por el contrario, como las plumas, los rotuladores y la tinta china, tendrán siempre la misma intensidad de negro. Sin embargo, estos permiten a veces trazos curvos y siempre es posible borrar bien las líneas del boceto. Finalmente, el bolígrafo permite rasgos suaves y bonitos negros. Además, es indeleble, lo que permite trabajar el dibujo con una técnica húmeda.

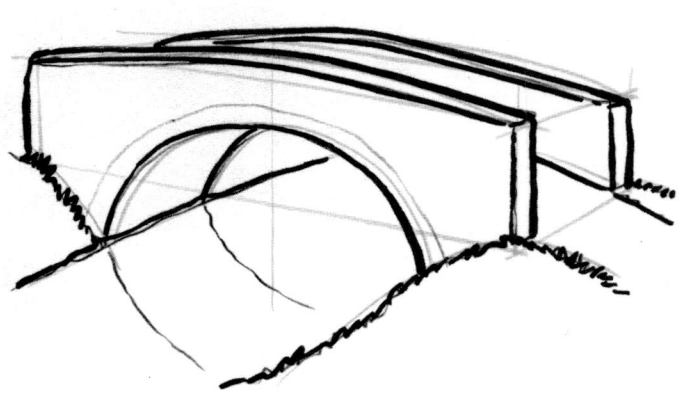

Cualquiera que sea la técnica preferida, hay que tomarse el tiempo de probar, observar y dudar... Aceptar los errores. ¡Cada error agudiza nuestra percepción; cada intento pule nuestra técnica!

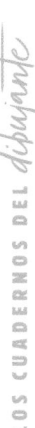

UNA TORRE CUADRADA

Una torre cuadrada se dibuja como un sencillo cubo que se eleva. Una vez situada la base, es fácil añadir los detalles que la caracterizarán.

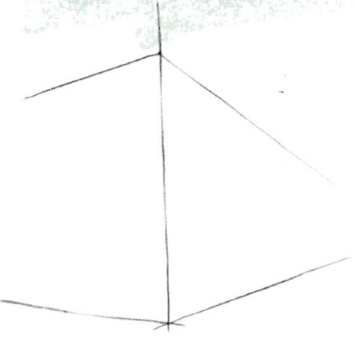 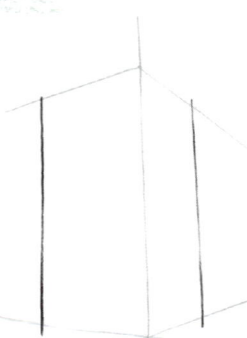 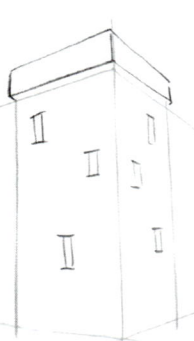 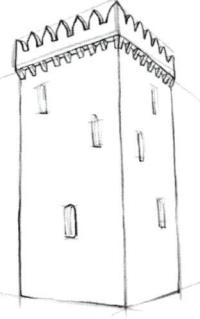

Comenzamos trazando el ángulo vertical más próximo y, después, trazamos las líneas de fuga.

Añadiendo los bordes exteriores de la torre, definimos su anchura.

Podemos entonces añadir ventanas y almenas.

El principio es el mismo para un rascacielos. Sin embargo, al ser este edificio mucho más alto, las verticales tienen el punto de fuga en el cielo.

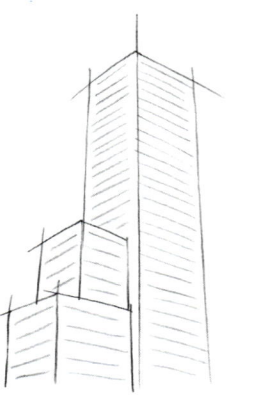 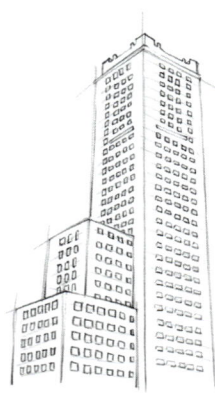

Incluso el Big Ben, que puede parecer complicado, se somete a estas sencillas reglas de construcción.

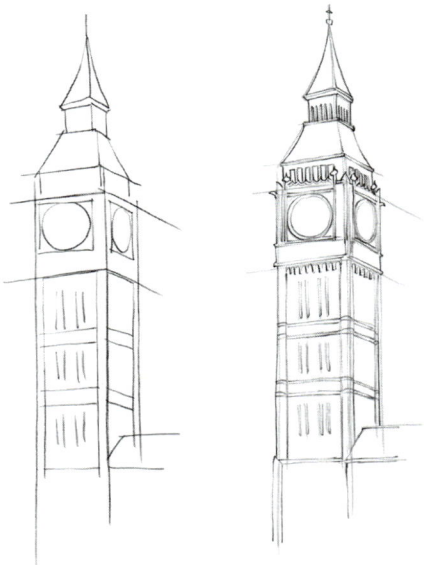

TERMINAR EL DIBUJO A ROTULADOR FINO Y LÁPIZ

Se pueden utilizar dos instrumentos distintos en un mismo dibujo. El rotulador, con un trazo más negro, puede servir para el conjunto, y el lápiz, más gris, para las sombras.

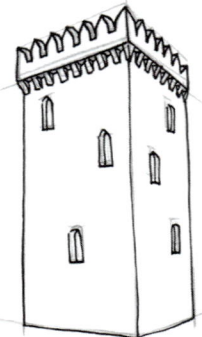 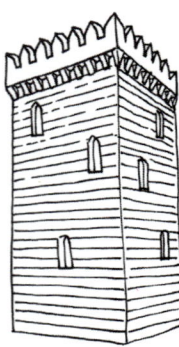 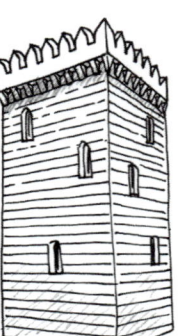 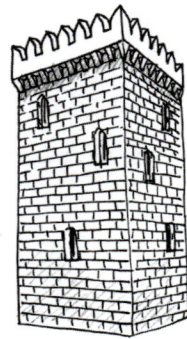

Empezamos repasando el conjunto a rotulador; después, borramos las líneas del boceto hecho a lápiz.

Para dibujar un muro de piedra, comenzamos trazando líneas horizontales que seguirán a las líneas de fuga.

Terminamos dibujando las piedras y añadiendo pequeños sombreados a lápiz para las zonas oscuras.

UNA TORRE REDONDA

El volumen básico de una torre redonda es un cilindro. La dificultad radica en lograr dibujar sus círculos de base y altura en perspectiva. A continuación se dibujan sus características.

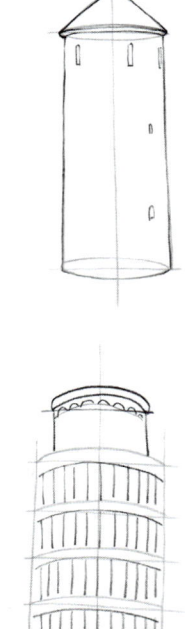

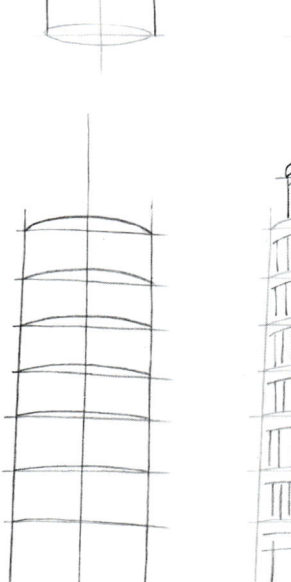

Añadimos los laterales y el tejado. Finalmente, incluimos los pequeños detalles.

En perspectiva, un círculo se convierte en un óvalo más o menos fino según el ángulo de visión. Trazamos un eje vertical central y, después, la base y la parte alta de la torre.

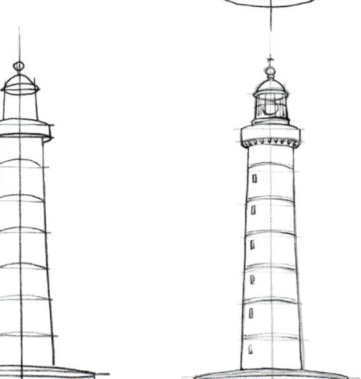

El principio es el mismo para un faro. Son los detalles los que le proporcionarán su identidad.

Para dibujar la torre de Pisa, tenemos que imaginar una línea de horizonte inclinada. Únicamente la línea del suelo es completamente horizontal. El círculo de la planta a la altura de nuestra mirada es el más plano.

Con pequeñas líneas verticales situamos las numerosas columnas.

TERMINAR EL DIBUJO CON DIFERENTES LÁPICES

El lápiz de grafito bien afilado es ideal para los pequeños detalles; las sombras aportarán volumen progresivamente. Para las zonas más oscuras, se puede utilizar un lápiz de color negro.

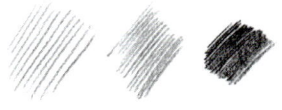

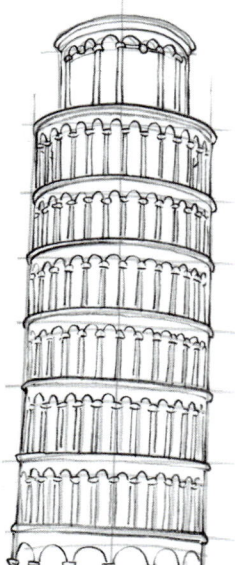

Empezamos dibujando el conjunto de la torre.

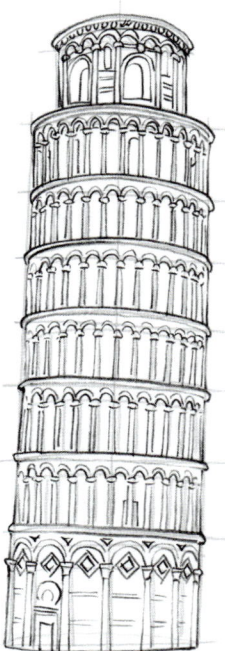

Después, añadimos poco a poco los detalles y motivos.

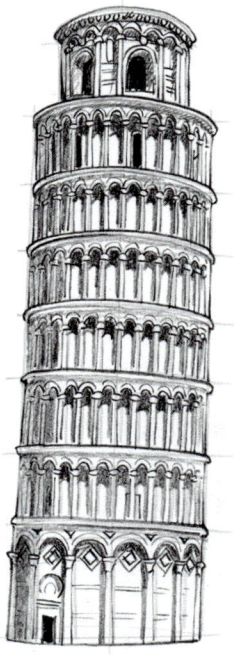

Finalmente, deslizamos sombras entre las columnas y a un lado de la torre para hacer sobresalir los relieves.

UNA PIRÁMIDE

Una pirámide se construye sobre la base de un cubo en el suelo.
Los cuatro lados verticales se unen en altura, en la parte central.

Trazamos la superficie cuadrada en el suelo; después, dos diagonales para encontrar el centro desde el que se traza una línea vertical.

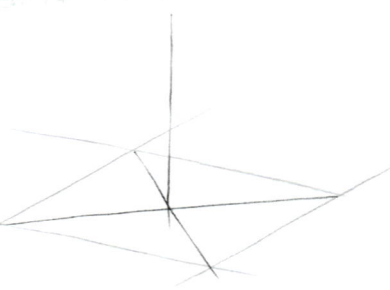

Podemos ahora elegir la altura de la pirámide y dibujar sus cuatro lados.

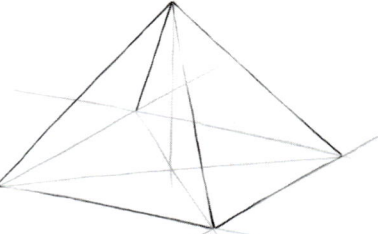

Siguiendo la perspectiva, podemos trazar las filas de piedras a lo largo de las pendientes.

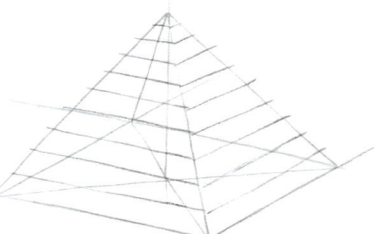

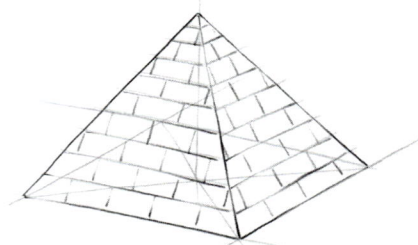

Para dibujar los travesaños de la Pirámide del Louvre, trazamos una línea vertical en el centro de cada cara y, después, la dividimos en tres a lo alto.

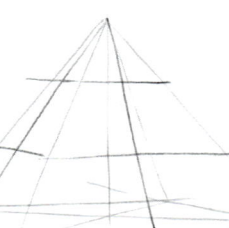

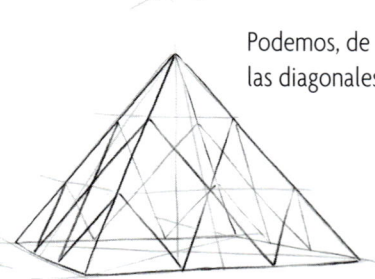

Podemos, de esta manera, dibujar las diagonales principales.

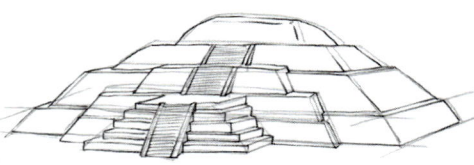

El principio es el mismo para una pirámide escalonada, como la de Teotihuacán.

TERMINAR EL DIBUJO CON DIFERENTES ROTULADORES

Se pueden utilizar rotuladores de grosores distintos en un mismo dibujo. Esto permite diferenciar los contornos de los detalles.

Repasamos la pirámide y las grandes diagonales con el rotulador fino.

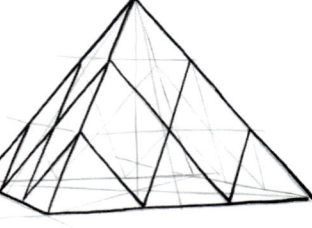

Después de borrar las líneas del boceto a lápiz, añadimos nuevas diagonales en el centro de las primeras.

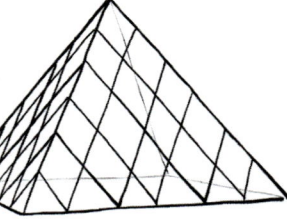

Con un rotulador más fino, incluimos dos nuevas diagonales entre las trazadas anteriormente.

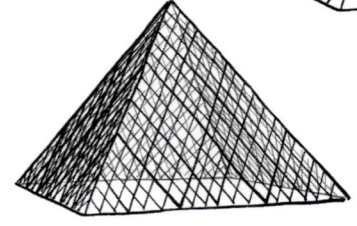

Finalmente, con un rotulador todavía más fino, realizamos los mismos travesaños en las caras traseras de la pirámide para proporcionarle transparencia.

UN PUEBLO MARROQUÍ

Algunos tipos de edificaciones pueden parecer complicados.
En realidad, es una acumulación de volúmenes sencillos y numerosos
detalles que adornan las fachadas los que dan esa impresión.

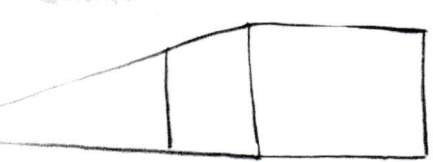 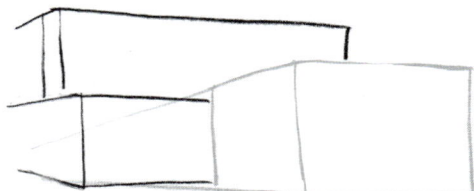 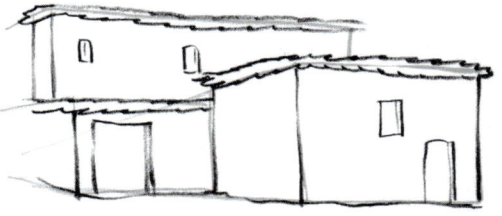

Para dibujar un grupo de casas, construimos el conjunto en una misma perspectiva
comenzando por una base de paralelepípedo.

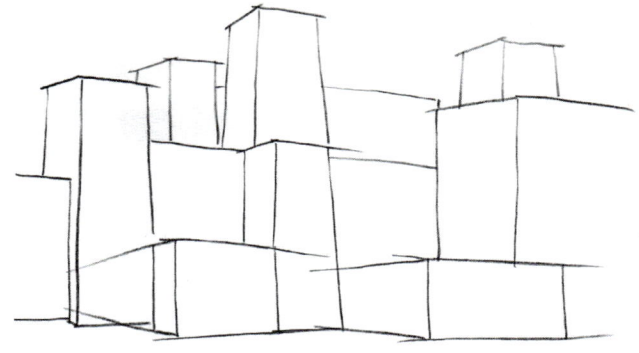 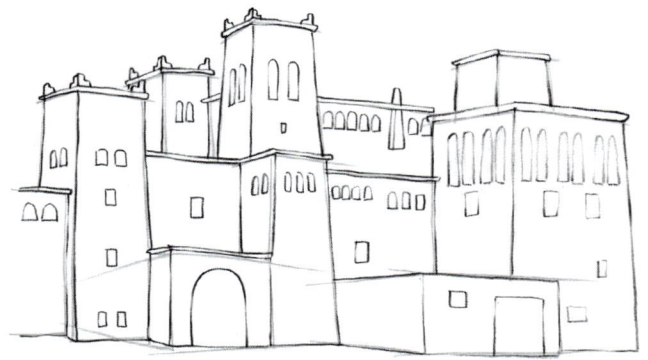

Podemos dar la impresión de altura elevando ligeramente
hacia el cielo las líneas verticales de los edificios más altos.

En esta construcción, ponemos
las bases de los futuros detalles.

TERMINAR EL DIBUJO CON DISTINTOS ROTULADORES Y LÁPICES

En un mismo dibujo, numerosos instrumentos permitirán
diferenciar los contornos de los detalles o las sombras.

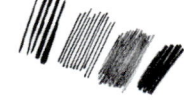

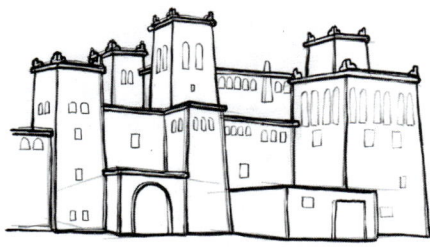

Comenzamos
repasando los
contornos con el
rotulador más grueso.

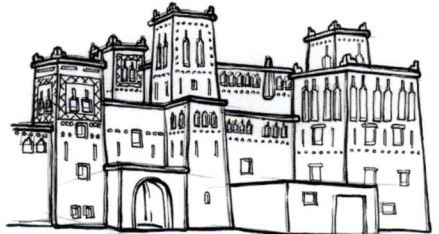

Añadimos los
numerosos detalles
y adornos con un
rotulador más fino.

Podemos realizar las
sombras con un lápiz
de grafito para
aportar dulzura.

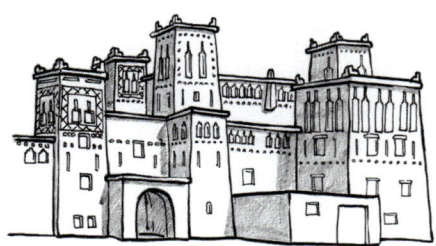

Terminamos con un
lápiz negro para hacer
resaltar la puerta
y las ventanas.

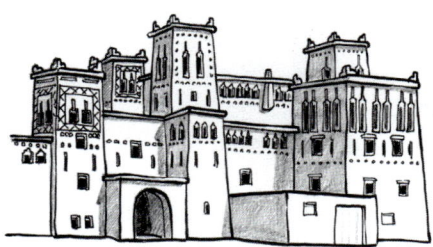

UN MOLINO

La forma básica de un molino es la misma que la de una torre redonda o cuadrada. Lo más complicado será situar las aspas y su orientación.

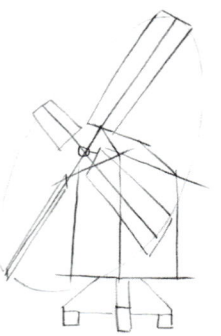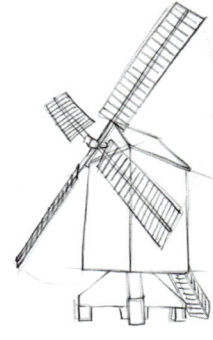

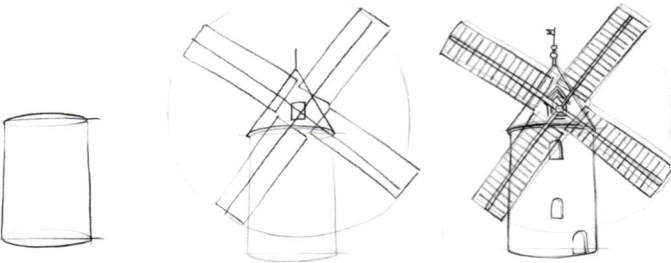

En una vista ¾, debemos dibujar en perspectiva el círculo en el que se insertan. Las palas pueden estar orientadas en distintas direcciones.

Si miramos las aspas de frente, las incluimos, en forma de cruz, dentro de un gran círculo.

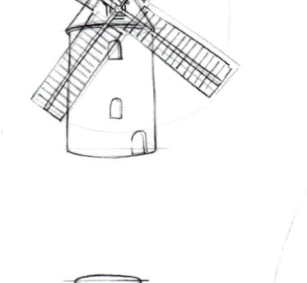

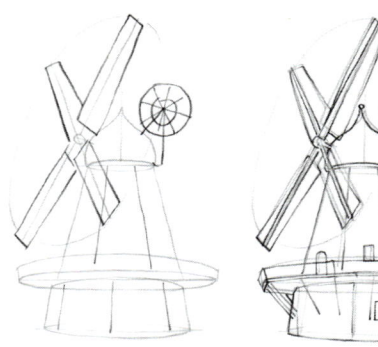

Podemos dar una forma más compleja al molino transformando la torre redonda en angular, añadiendo una pasarela...

TERMINAR EL DIBUJO A LÁPIZ NEGRO

Además de los lápices de grafito, existen lápices de dibujo cuya mina puede ser más negra, más seca o más grasa.

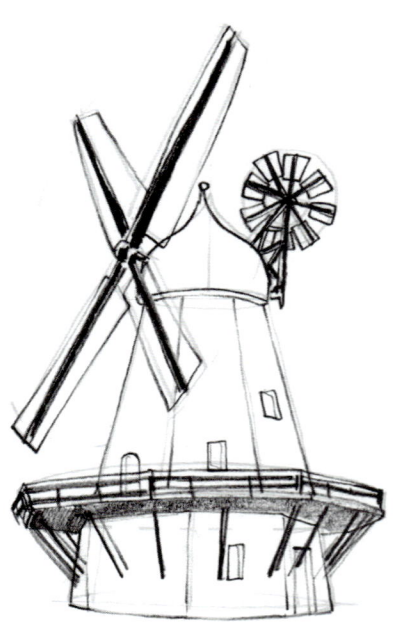

Podemos empezar oscureciendo los detalles para hacerlos resaltar debidamente.

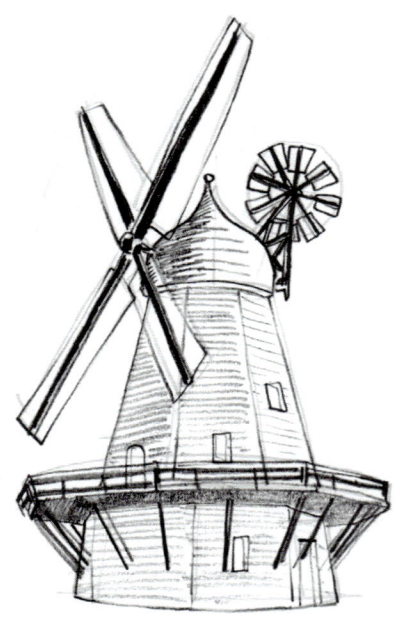

Apretando menos el lápiz, trazamos líneas horizontales en los lados para simular listones de madera.

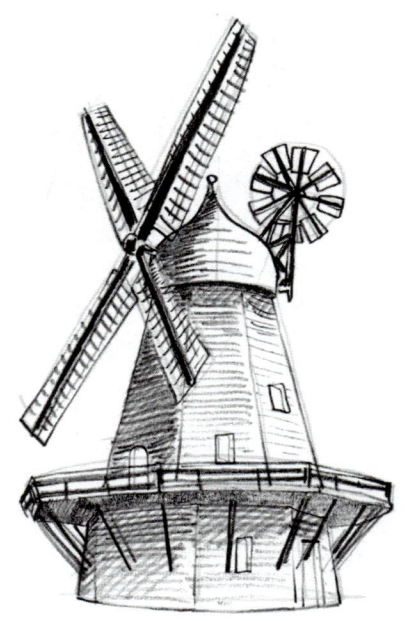

Finalmente, sombreamos las zonas oscuras.

IGLÚ Y SIMILARES

La forma básica de un iglú consiste en una semiesfera.
Su base en el suelo es un círculo en perspectiva.

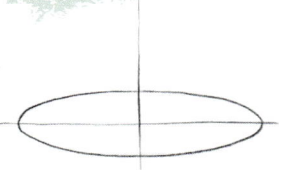 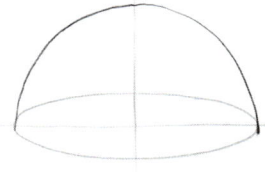 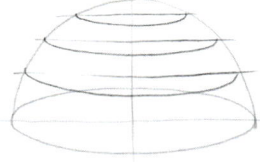 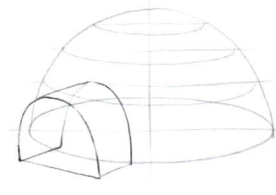

Empezamos dibujando una base según nuestro ángulo de visión. A continuación, trazamos una vertical en el centro.

Cubrimos el conjunto con un semicírculo.

Trazamos, a distintas alturas, las curvas en perspectiva.

Finalmente, añadimos la entrada.

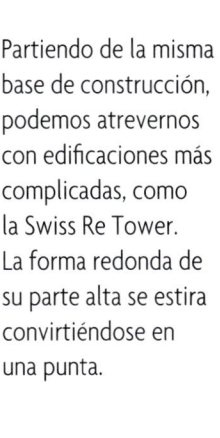 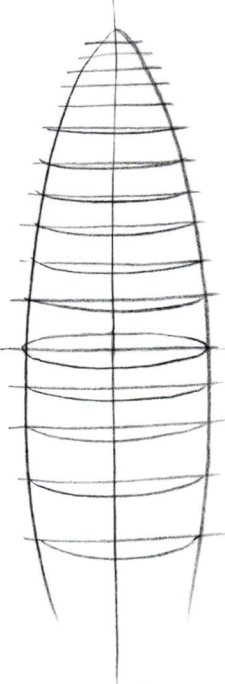 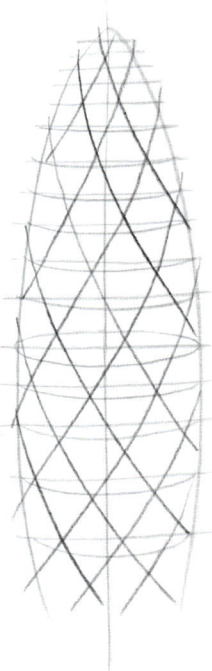 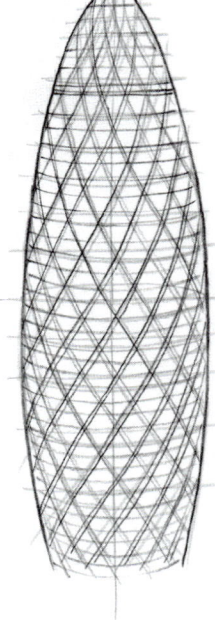

Partiendo de la misma base de construcción, podemos atrevernos con edificaciones más complicadas, como la Swiss Re Tower. La forma redonda de su parte alta se estira convirtiéndose en una punta.

Los círculos de las distintas plantas nos ayudan a crear travesaños curvos que vamos duplicando.

TERMINAR EL DIBUJO A MINA DE GRAFITO

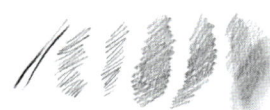

La mina de grafito aporta dulzura al dibujo. Se puede frotar con una goma o un trozo de cartón para difuminar sus trazos. Debemos apretar lo suficiente para crear trazos oscuros.

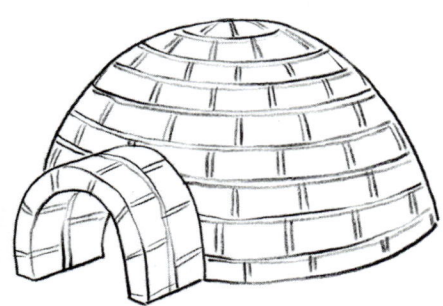 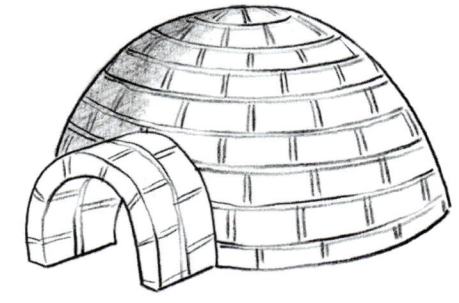 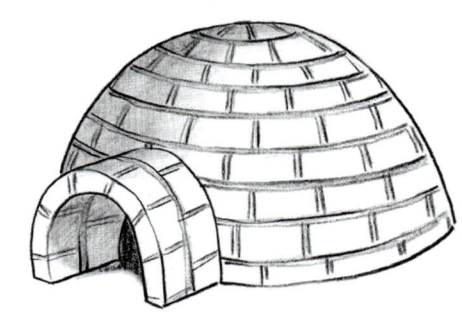

Apretando sobre la mina de grafito detallamos los bloques de hielo.

Frotando el lado de la punta, obtenemos sombras suaves.

Se puede frotar esta sombra con un trozo de cartón para difuminarla.

TORRE EIFFEL Y SIMILARES

Algunas torres se basan más en una construcción de líneas que de volúmenes. Por lo tanto, no existe perspectiva, o esta es mínima.

Para dibujar la Torre Eiffel, comenzamos con una gran línea vertical que servirá de referencia a lo largo del dibujo.

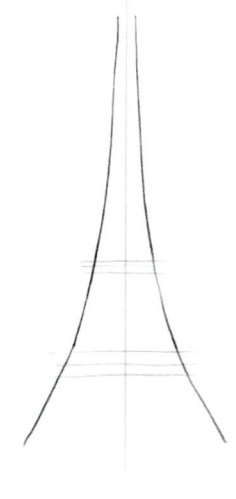

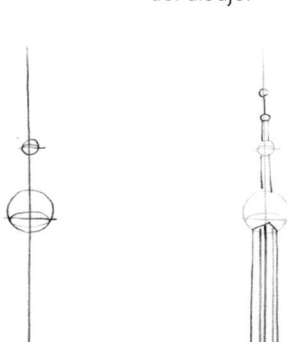

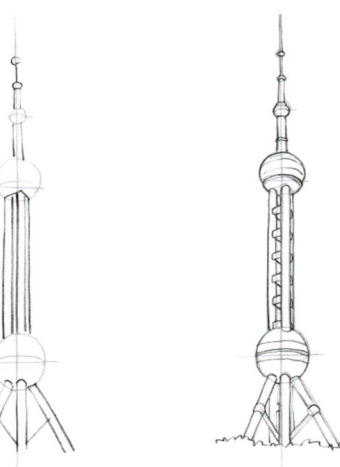

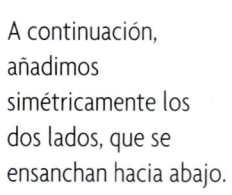

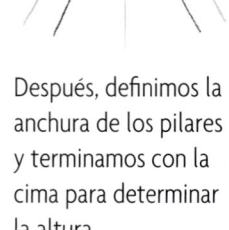

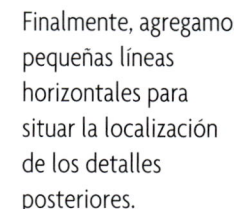

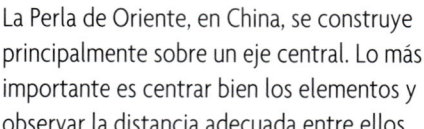

A continuación, añadimos simétricamente los dos lados, que se ensanchan hacia abajo.

Después, definimos la anchura de los pilares y terminamos con la cima para determinar la altura.

Finalmente, agregamos pequeñas líneas horizontales para situar la localización de los detalles posteriores.

La Perla de Oriente, en China, se construye principalmente sobre un eje central. Lo más importante es centrar bien los elementos y observar la distancia adecuada entre ellos.

TERMINAR EL DIBUJO A BOLÍGRAFO

El bolígrafo permite, igual que el lápiz, matizar la intensidad del trazo. Se puede obtener desde un ligero gris hasta un negro intenso. Basta con apretar más o menos y superponer los trazos.

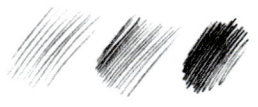

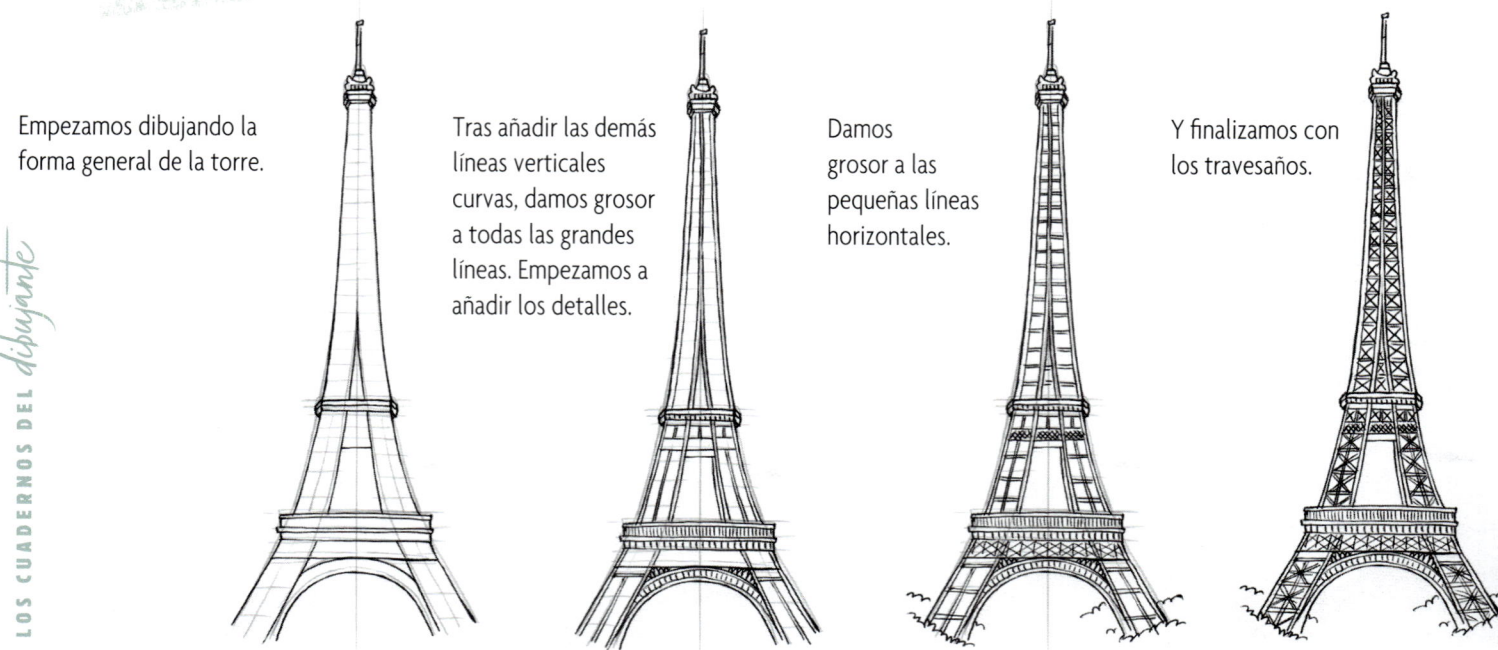

Empezamos dibujando la forma general de la torre.

Tras añadir las demás líneas verticales curvas, damos grosor a todas las grandes líneas. Empezamos a añadir los detalles.

Damos grosor a las pequeñas líneas horizontales.

Y finalizamos con los travesaños.

EL ARCO DE TRIUNFO

La forma básica del Arco de Triunfo es un paralelepípedo abierto por unas puertas redondeadas. Su complejidad reside en las florituras.

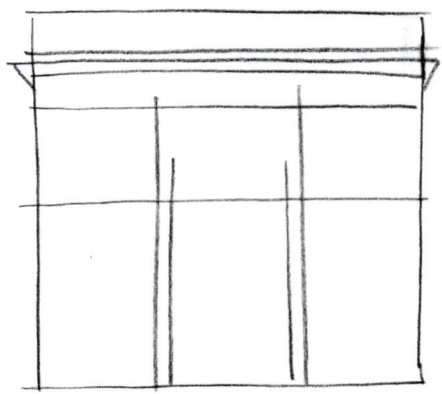

La puerta está en el centro y es arqueada.

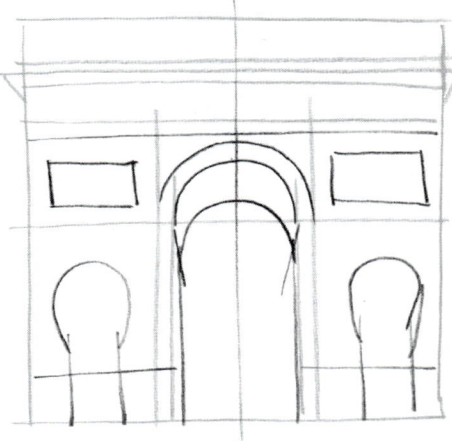

De frente, se ve la perspectiva únicamente por la abertura de la puerta. Nos concentramos por tanto en las líneas que estructuran la fachada.

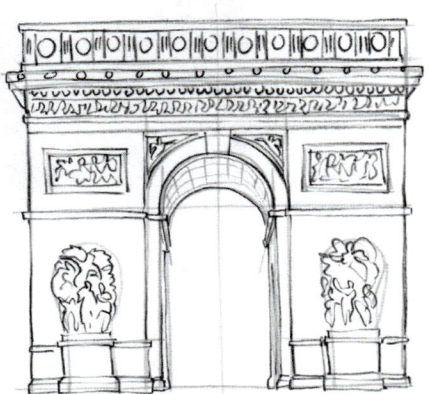

A nuestra estructura básica, podemos añadirle multitud de detalles y motivos.

En una vista ¾, el conjunto se sitúa en perspectiva. Por lo tanto, hay que tener cuidado de que todas las líneas horizontales de los laterales vayan en la misma dirección. Podemos añadir las puertas laterales.

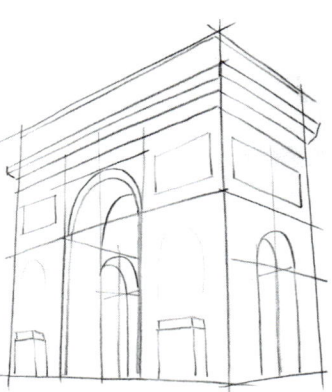

TERMINAR EL DIBUJO A LÁPIZ DE GRAFITO

Con un lápiz de grafito se puede aportar volumen progresivamente creando sombras, dar un efecto de determinada materia, de textura... o incluso volver a marcar ciertos trazos, preferiblemente los que están a la sombra.

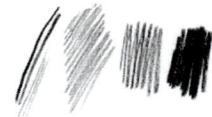

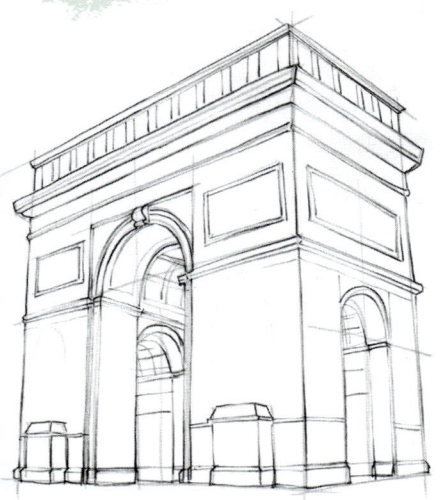

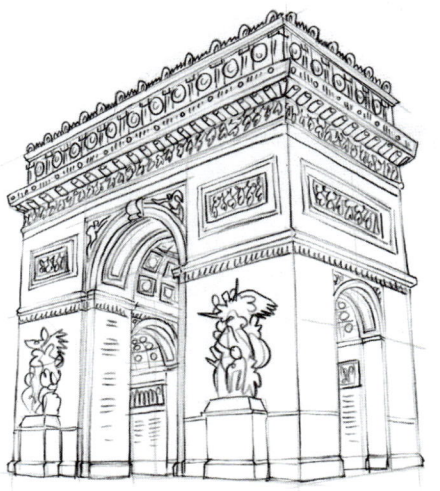

Al estar el Arco de Triunfo tan cargado de motivos, debemos empezar progresivamente por las formas más sencillas y terminar con los detalles más pequeños.

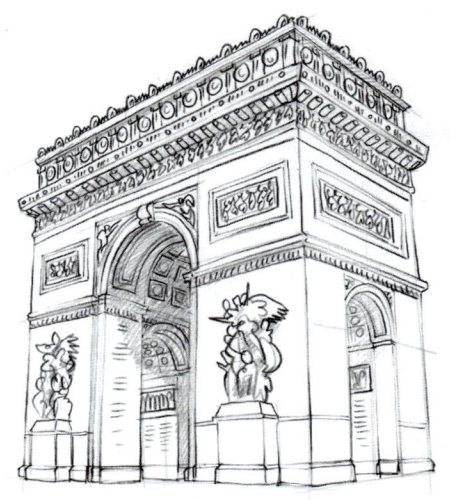

Finalmente, se sitúan las sombras para dar volumen y crear profundidad bajo la puerta.

UN PUENTE

La forma básica de un puente puede ser tan simple como la de un paralelepípedo, pero puede curvarse e, incluso, plegarse un poco según el tipo. Y, por supuesto, hay que crear un arco para dejar pasar el agua.

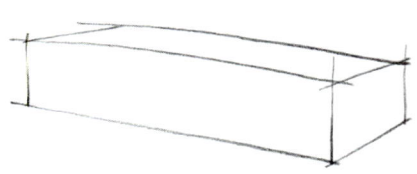

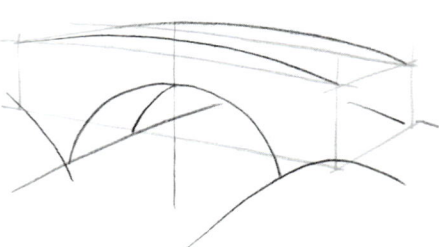

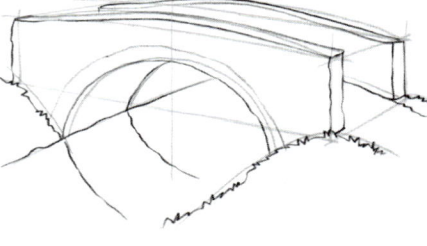

Para construir un puente sencillo, empezamos por trazar un paralelepípedo en perspectiva.

La parte de arriba puede ser un poco curva. Se prolonga la parte de abajo para dibujar el talud y se recorta en su centro una abertura en forma de arco circular.

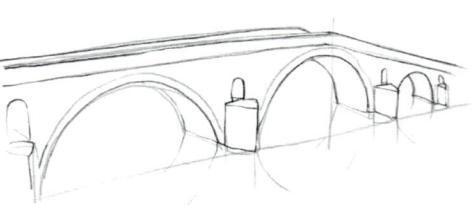

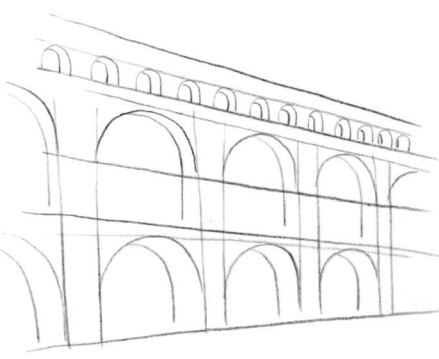

Partiendo de esta base, podemos dibujar un puente más complejo que contenga varios ojos.

El principio es el mismo para dibujar un acueducto, en el que se apilan puentes.

TERMINAR EL DIBUJO A ROTULADOR Y A LÁPIZ

En un mismo dibujo se pueden utilizar instrumentos distintos. El rotulador, por ejemplo, para los contornos y los detalles, y el lápiz para aportar materia en polvo.

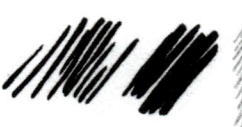

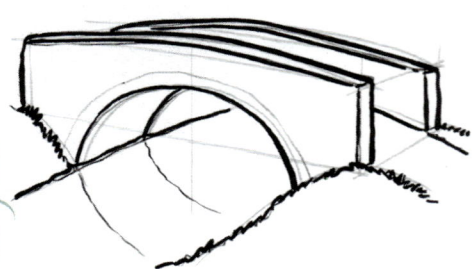

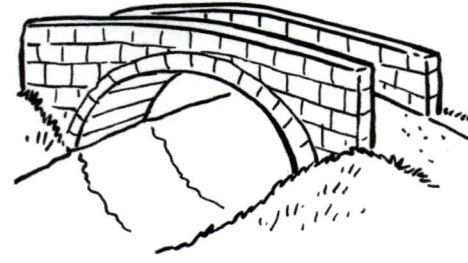

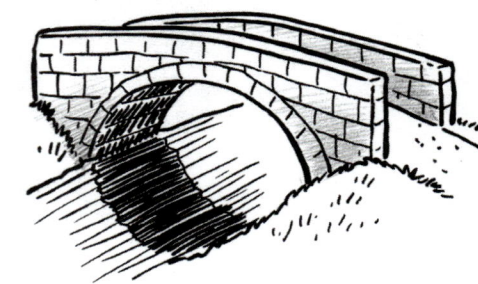

Comenzamos repasando los contornos con rotulador.

Después de haber borrado las líneas del boceto, añadimos los detalles: piedras, hierba y el agua, que refleja simétricamente la forma abovedada.

Finalmente añadimos sombras oscuras bajo el puente y en el agua. Después, con el lápiz, damos un poco de materia a las piedras.

TÚNEL Y SIMILARES

Para dibujar un espacio subterráneo, nos situamos en su interior. Tanto las líneas del suelo como las del techo se dirigen hacia el mismo punto. Si el techo está abovedado, será curvo y se reducirá hacia el horizonte.

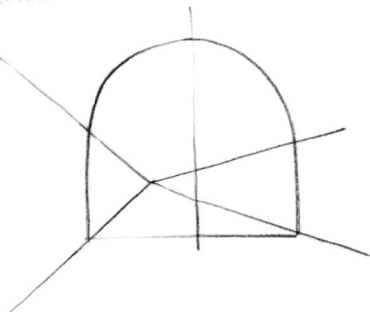

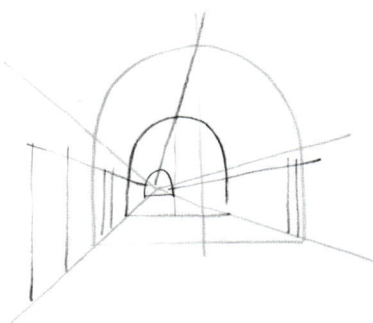

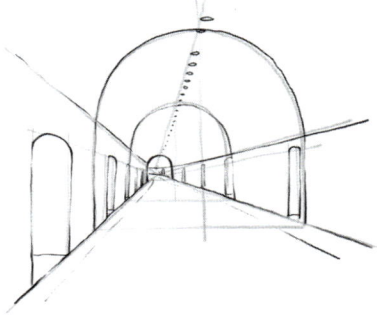

Para dibujar un túnel, comenzamos por representar una especie de puerta que definirá su anchura y altura: trazamos las líneas del suelo y de la altura de las paredes, las unimos a lo lejos en el mismo punto y, a continuación, trazamos la curva del techo.

Podemos dibujar nuevas bóvedas sobre estas líneas para dar profundidad al túnel. También podemos trazar pequeñas aberturas en los laterales.

Finalmente, damos estilo al conjunto.

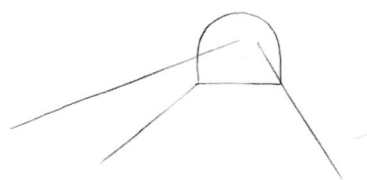

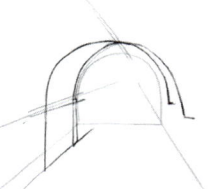

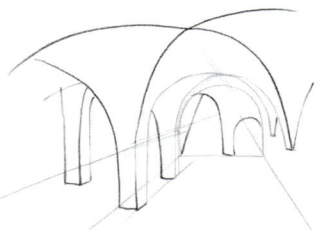

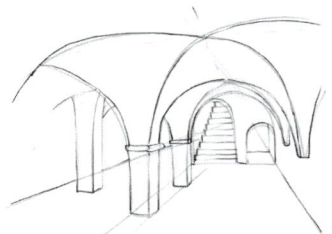

Con esta misma base podemos diseñar una arquitectura más compleja, como una bodega abovedada con arcos y pilares situados en distintos lugares del espacio. Lo principal es hacer converger todas las líneas horizontales en el mismo punto.

TERMINAR EL DIBUJO A TINTA Y A PLUMA

La pluma es un instrumento rígido que araña el papel. Permite líneas más o menos finas y, sobre todo, compactas y sueltas.

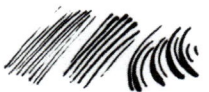

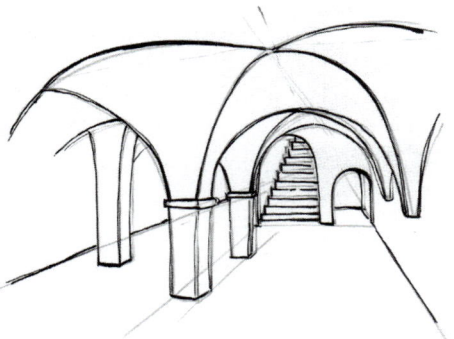

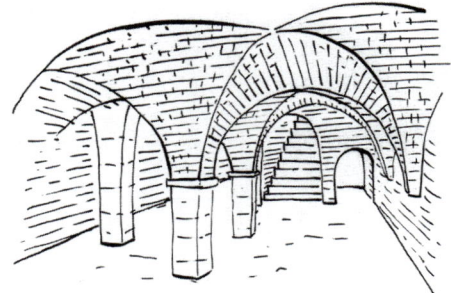

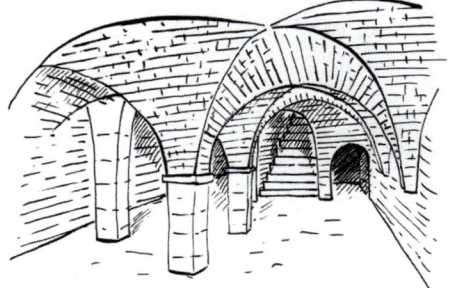

Comenzamos repasando las líneas principales.

Para dibujar las piedras, trazamos líneas horizontales que seguirán la perspectiva de las paredes y las bóvedas.

Finalmente, con pequeños sombreados, añadimos las zonas oscuras para crear profundidad.

UN PALAFITO

Para dibujar este tipo de vivienda, se comienza por volúmenes sencillos que se colocan a continuación sobre pilares en el agua. El conjunto puede no ser totalmente recto para dar impresión de cabaña.

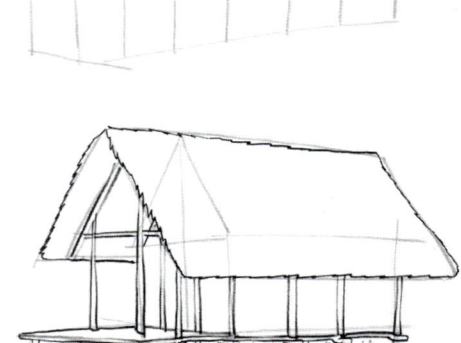

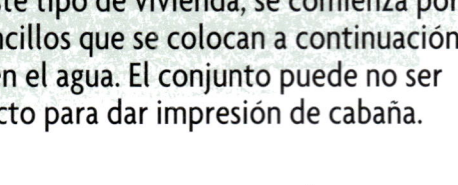

Para dibujar el tejado, trazamos una línea vertical en el centro de una cara del paralelepípedo, antes de unir cada ángulo a la parte de arriba para crear las pendientes.

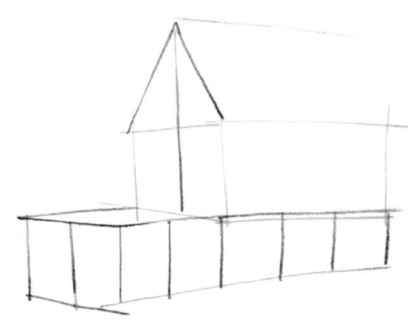

El tejado puede ser bastante más ancho que el cuerpo del palafito. Se le bordea con zigzags para dar apariencia vegetal. Los pilotes son numerosos y poco gruesos.

Podemos añadir más detalles y dar estilo a nuestro palafito.

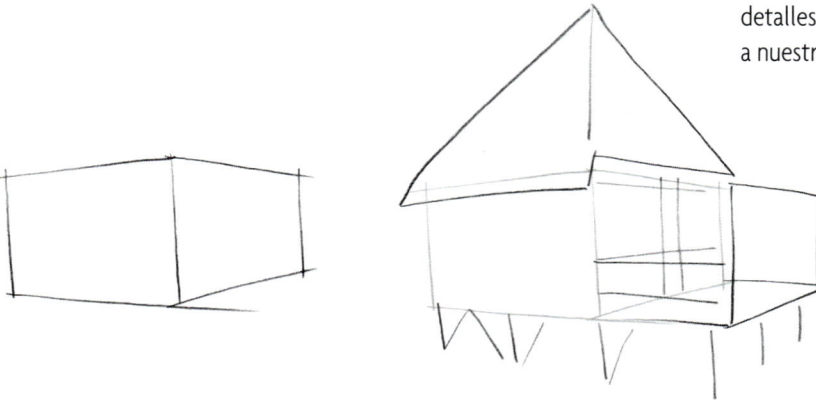

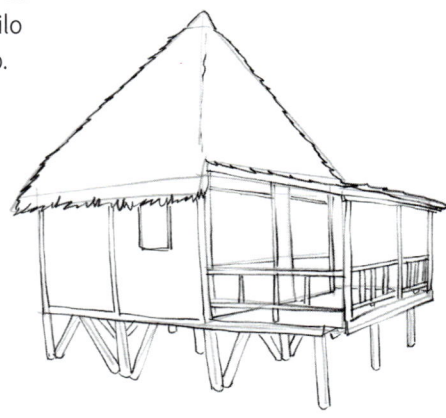

TERMINAR EL DIBUJO CON ROTULADORES

Se utiliza el rotulador pincel más ancho para los contornos del palafito.

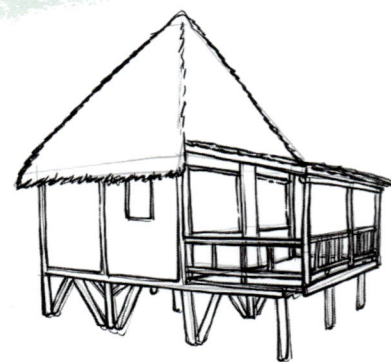

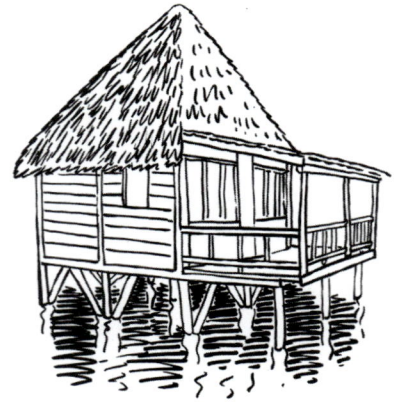

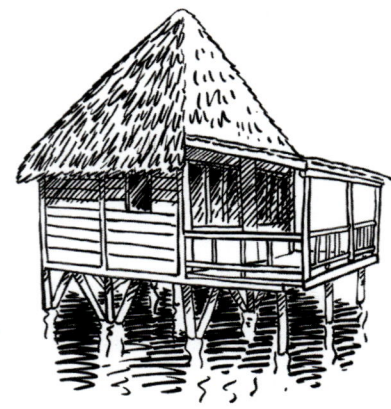

En el mismo dibujo, podemos utilizar un rotulador pincel para proporcionar suavidad y un rotulador rígido para los detalles.

Tras haber borrado las líneas del boceto, añadimos el aspecto al tejado, a las paredes y reflejos al agua. Las suaves líneas del reflejo deben ser horizontales, al estar el agua en calma.

Finalmente, añadimos sombras con un rotulador más fino y rígido.

UNA CABAÑA SOBRE UN ÁRBOL

Una cabaña encaramada puede tener cualquier forma.
Lo esencial es darle un aspecto artesanal y, por supuesto,
dejar un lugar importante para el árbol que la acoge.

A continuación,
la hacemos anidar
en un árbol.

Empezamos
eligiendo la forma
de nuestra cabaña
y construyéndola a
base de volúmenes
sencillos.

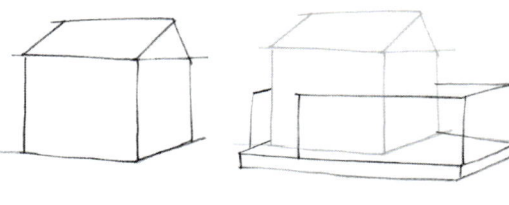

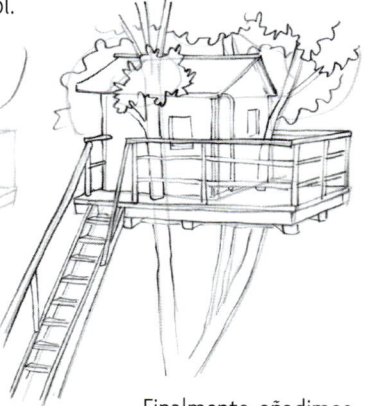

Finalmente, añadimos
los detalles para darle
personalidad.

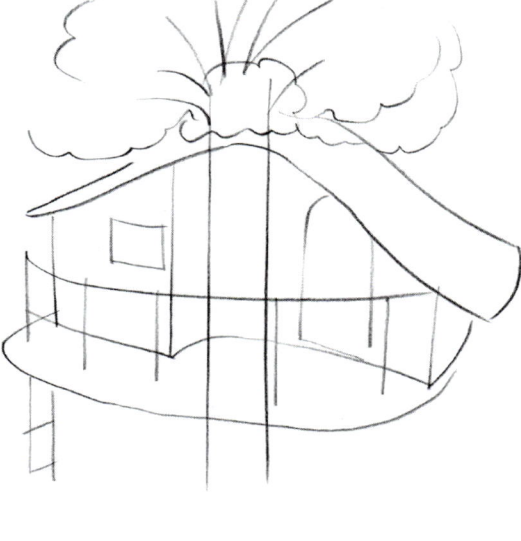

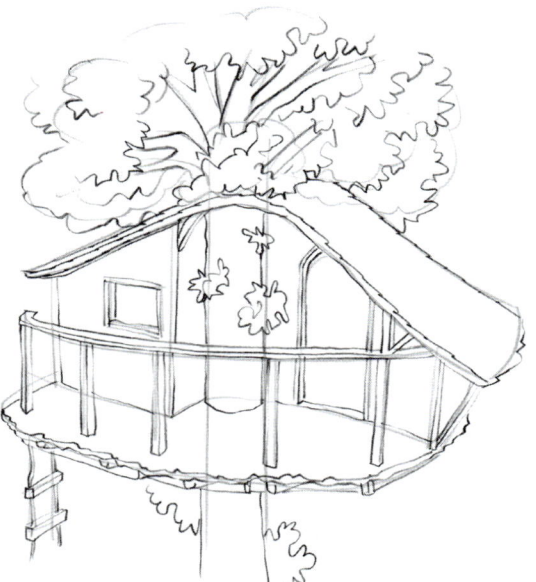

Esta cabaña puede ser redonda,
con el árbol en el centro.

TERMINAR EL DIBUJO A LÁPIZ GRASO

El lápiz graso permite obtener bonitos negros, pero también trazos suaves y
polvorientos si no se aprieta demasiado. Cuidado, puesto que no se borra bien.

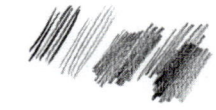

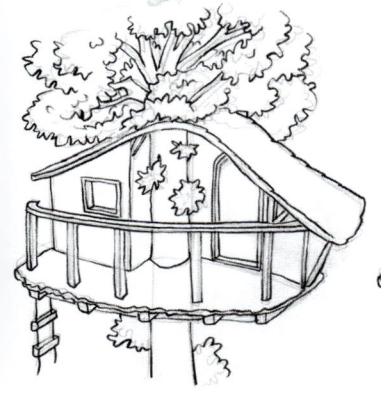

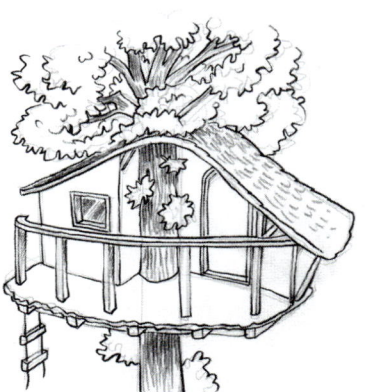

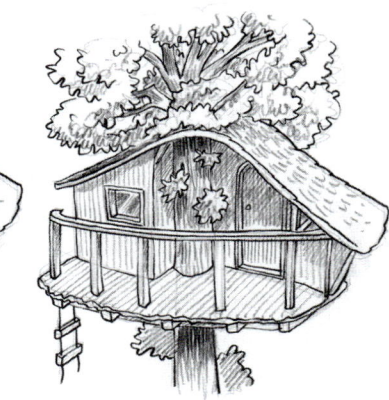

Empezamos repasando
las líneas principales de
la cabaña y del árbol.

Añadimos poco a poco la materia y los detalles con diferentes
trazos: curvos en el árbol para sugerir el follaje, pequeños en el
tejado y largos en los listones de madera.

Para terminar, agregamos las sombras
para crear volúmenes y huecos.

UN CHALET

La forma básica de un chalet es tan simple como la de un cubo. Son los numerosos elementos de madera que se añaden a la parte superior, el gran balcón y el ancho tejado los que le hacen reconocible.

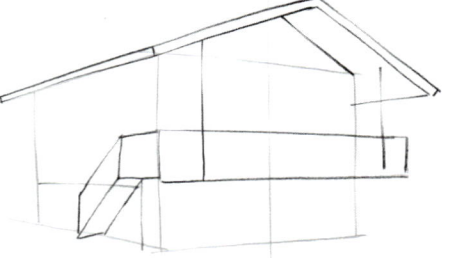

Para dibujar un chalet, empezamos con un cubo en perspectiva. Elegimos la cara delantera, en cuyo centro trazaremos una gran línea vertical para situar la parte alta del tejado.

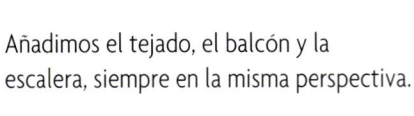

Añadimos el tejado, el balcón y la escalera, siempre en la misma perspectiva.

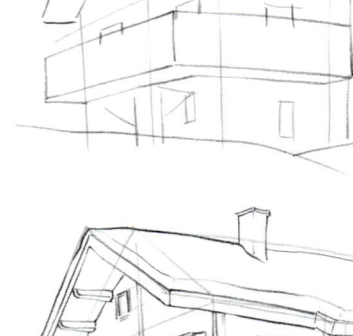

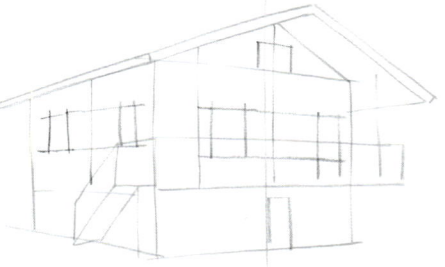

Elegimos el emplazamiento de puertas y ventanas en las fachadas

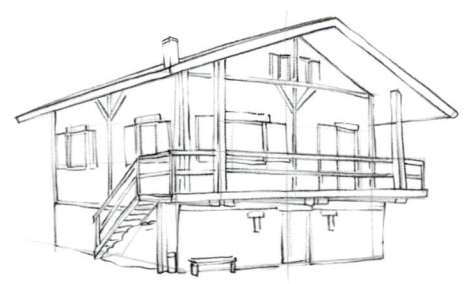

Podemos finalizar añadiendo todos los detalles.

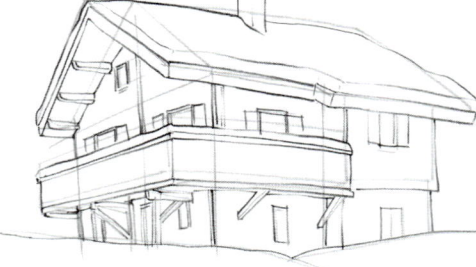

Si el suelo está cubierto de nieve, este desaparecerá.

TERMINAR EL DIBUJO A LÁPIZ GRASO

Cuanto más graso sea el lápiz, más polvoriento resultará. Se podrá frotar con una goma o un trozo de cartón para difuminar los trazos.

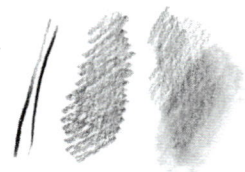

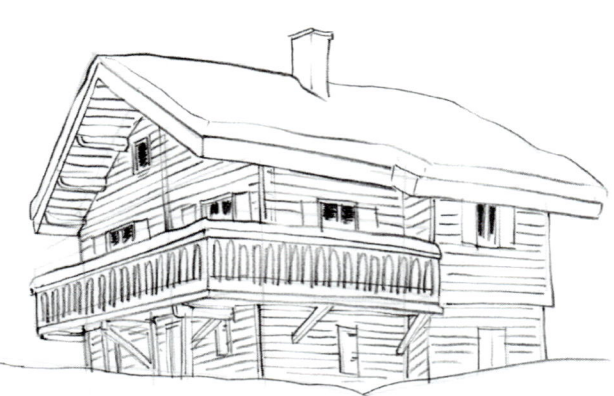

Terminamos los detalles de nuestro chalet cubriendo las fachadas con líneas para representar las tablas de madera. Después borramos todo lo posible las líneas del boceto.

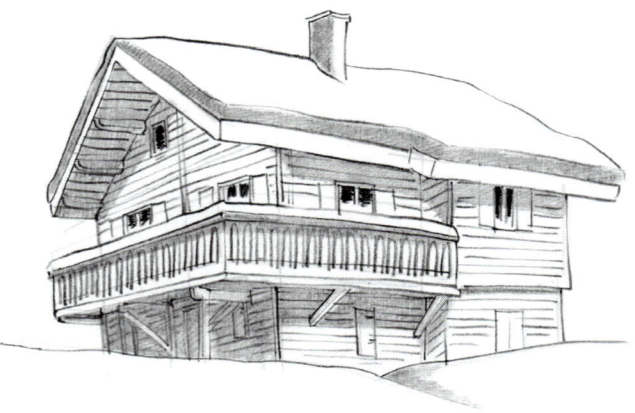

Añadimos a continuación grandes superficies de sombra que se frotan para aportar dulzura. El interior de las ventanas es muy negro.

UNA CASA CON ENTRAMADO DE MADERA

Para dibujar este tipo de casa, hay que construir la cuadrícula básica en la que se insertarán los motivos de las fachadas. No importa el tamaño de las líneas, estas siguen la misma perspectiva que el conjunto de la casa.

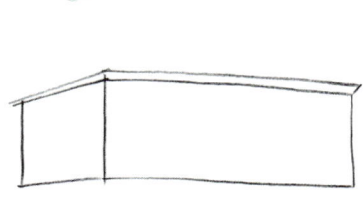

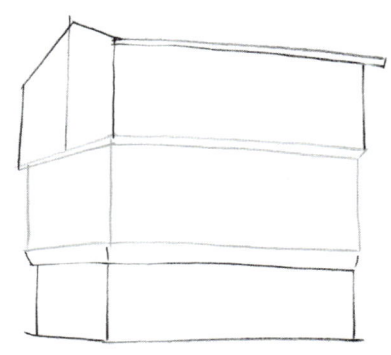

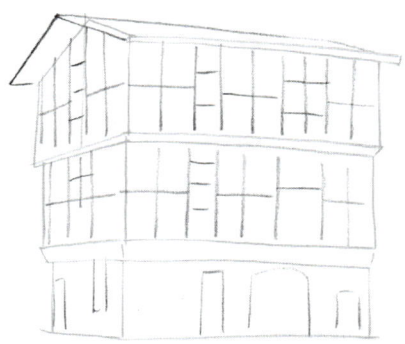

Empezamos eligiendo la forma general de nuestra casa...

... después definimos los emplazamientos principales de los marcos de madera y las ventanas.

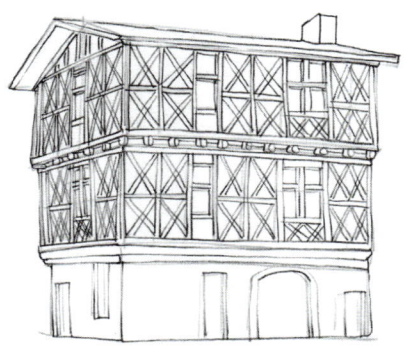

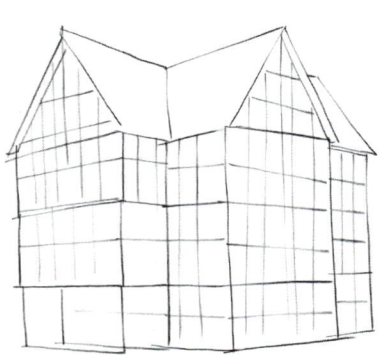

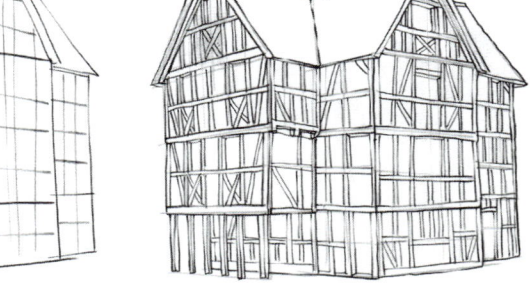

Finalmente damos nuestro estilo a la casa.

Sobre esta base podemos hacer más complejas las cosas.

TERMINAR EL DIBUJO A LÁPIZ NEGRO

Este lápiz permite obtener bonitos negros, pero también trazos suaves y polvorientos si no se aprieta demasiado. Cuidado, puesto que no se borra bien.

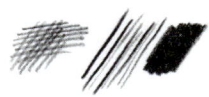

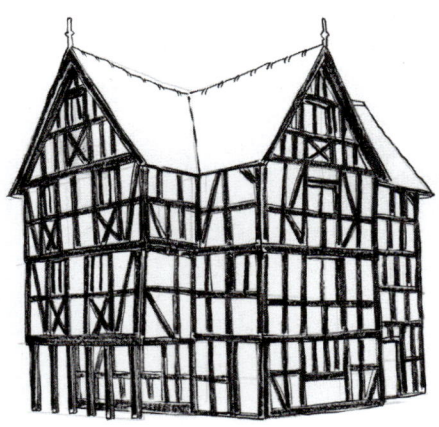

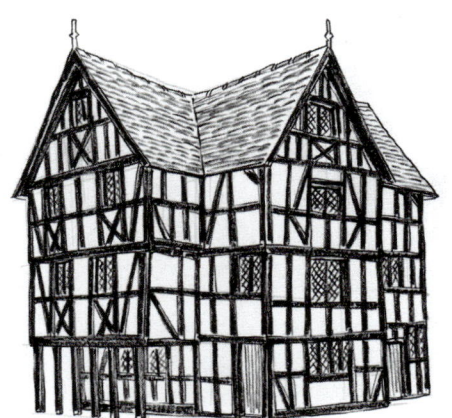

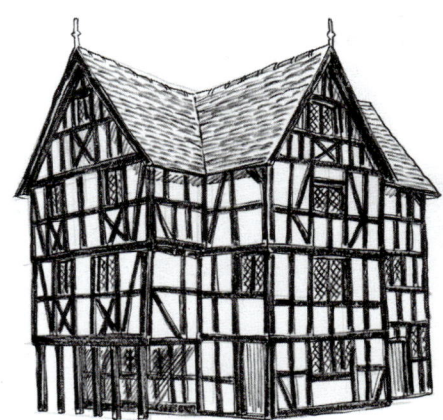

Los entramados de madera son en general más oscuros que las paredes de las casas. Podemos, por tanto, empezar oscureciéndolos.

Añadimos a continuación materia al tejado y estilo a las ventanas...

... para terminar por las sombras.

UN TEMPLO GRIEGO

Para dibujar un templo griego, se combinan formas cuadradas, redondas y triangulares. La dificultad reside en el respeto a una harmonía general.

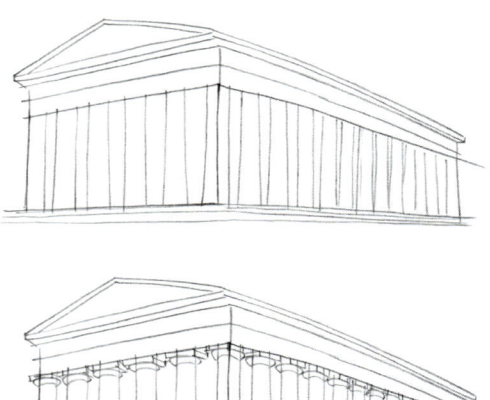

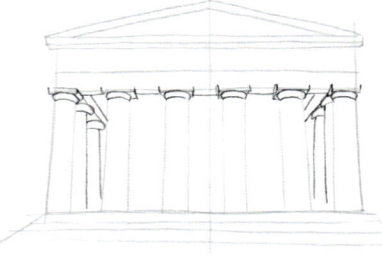

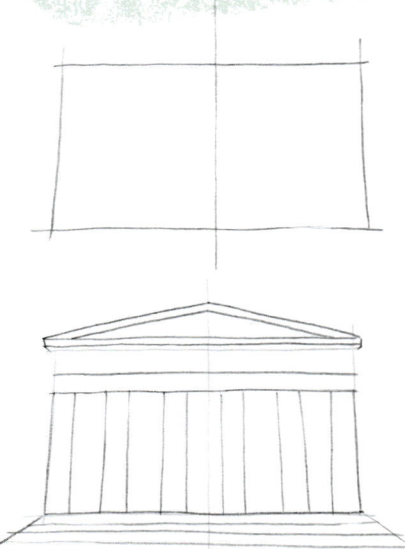

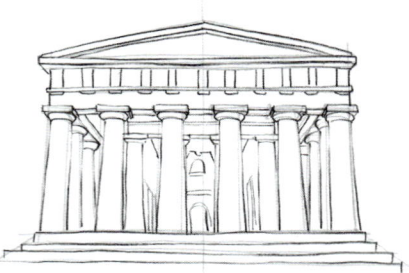

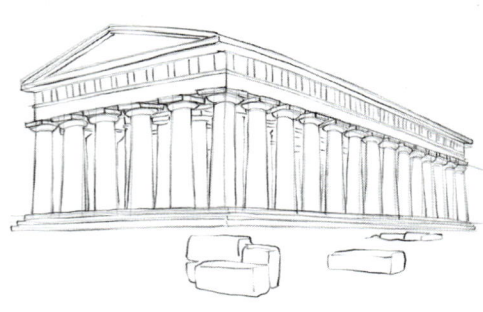

Visto de frente, no se ve demasiado su perspectiva. Por lo tanto, nos ocupamos primero del equilibrio de las proporciones entre los elementos.

La perspectiva aparece cuando dibujamos la parte superior de los capiteles o lo que se ve entre las columnas.

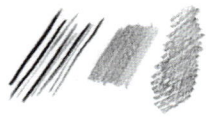

En una vista ¾, las columnas se reducen en altura y grosor, a medida que se alejan hacia el horizonte.

TERMINAR EL DIBUJO A MINA DE GRAFITO

La mina de grafito aporta dulzura al dibujo. Si no se aprieta demasiado, se pueden crear zonas grises y homogéneas. En cambio, hace falta apretar bastante para crear trazos oscuros.

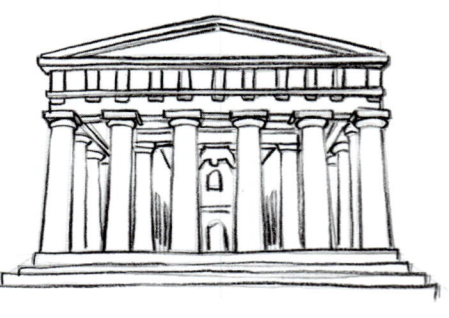

Empezamos repasando las líneas principales de nuestro templo.

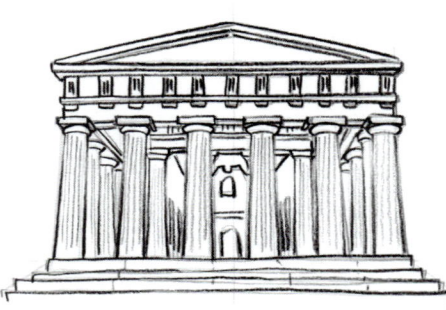

A continuación, añadimos los detalles y las estrías de las columnas sin apretar demasiado nuestro instrumento.

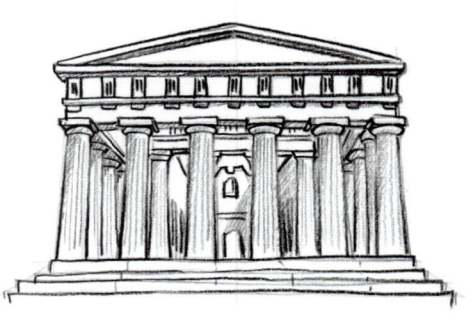

Terminamos con sombras en el interior del templo para crear profundidad.

UNA FÁBRICA ANTIGUA

Una fábrica se compone de formas sencillas y voluminosas a las que se pueden añadir numerosos detalles para proporcionarle estilo.

A esta base le añadimos tejados, ventanas y algunos detalles.

Empezamos apilando paralelepípedos.

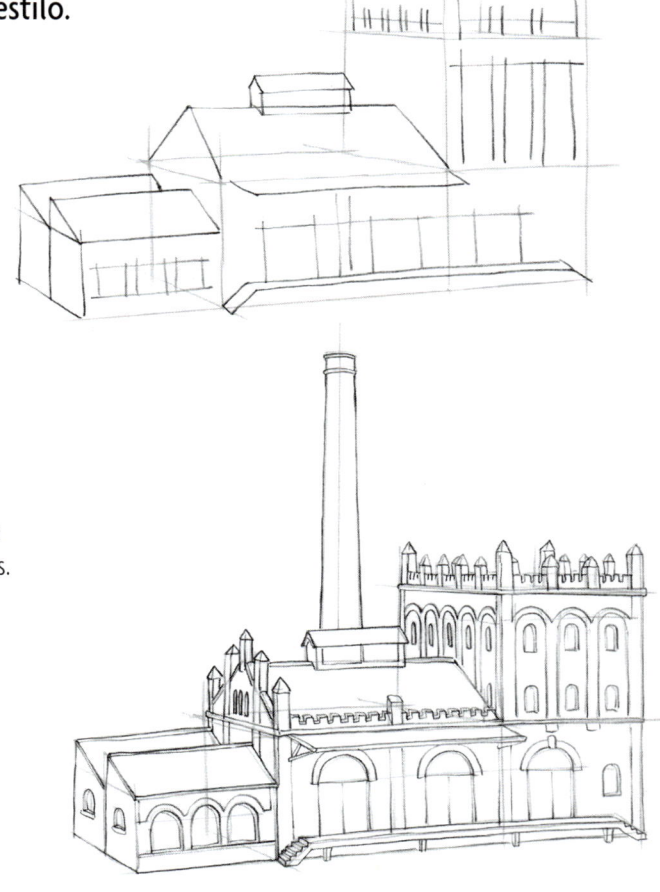

Terminamos con una enorme chimenea y pequeñas arcadas.

Al finalizar nuestro dibujo, aprovechamos para incluir pequeñas florituras, como las almenas.

TERMINAR EL DIBUJO CON DIFERENTES LÁPICES

Se pueden utilizar distintos lápices en un mismo dibujo. Un lápiz de grafito para los trazos grises y un lápiz de color negro para dar más intensidad.

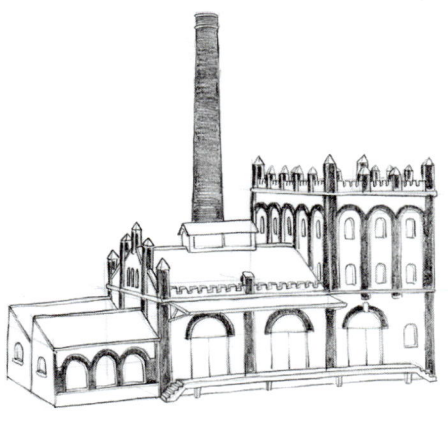

Para diferenciar bien todos los detalles, seleccionamos una parte que oscurecemos con lápiz negro.

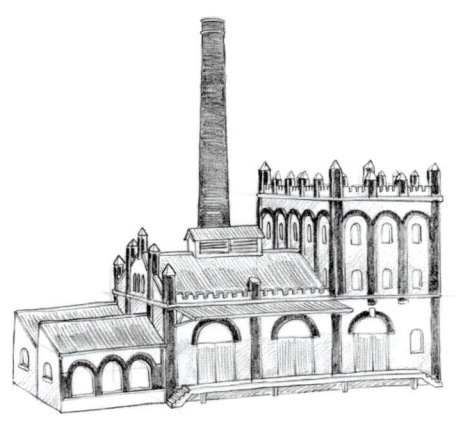

Con el lápiz de grafito, oscurecemos suavemente las paredes. Añadimos textura al tejado. Las líneas deben seguir la inclinación.

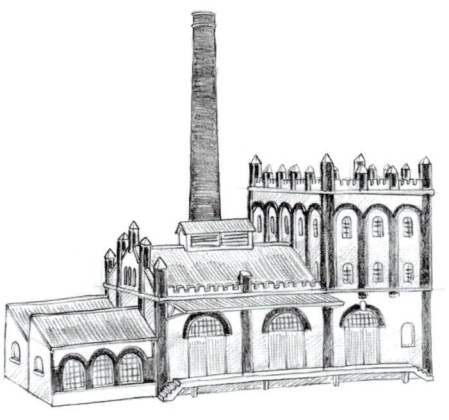

Terminamos con los detalles de las ventanas.

UNA FUENTE

La estructura de una fuente consiste en una serie de cilindros de distinta altura y anchura, apilados, vistos en perspectiva.

En el eje añadimos el centro de la fuente...

... y finalmente los detalles.

Comenzamos, como para una torre redonda, con un círculo en perspectiva al que se añade un eje central.

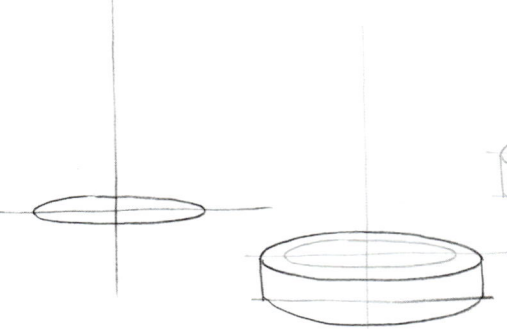
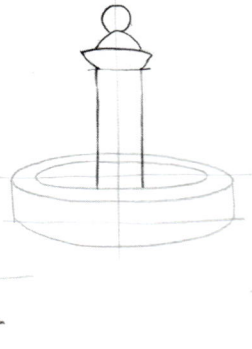
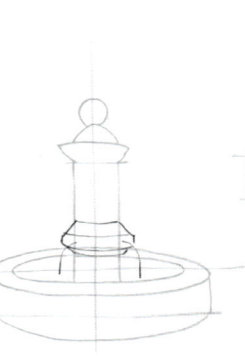
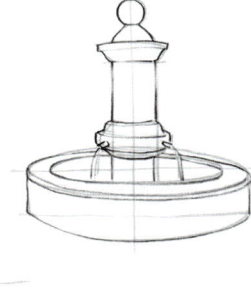

Con el primer círculo definimos el tamaño de la base.

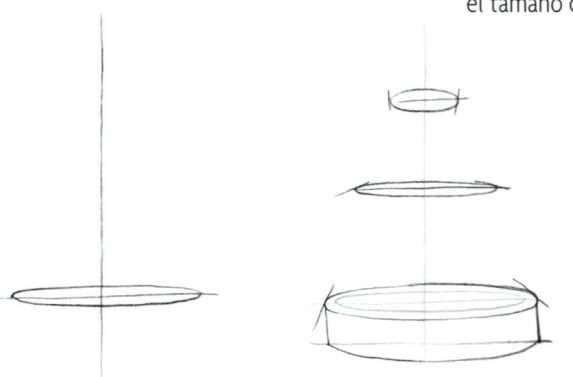
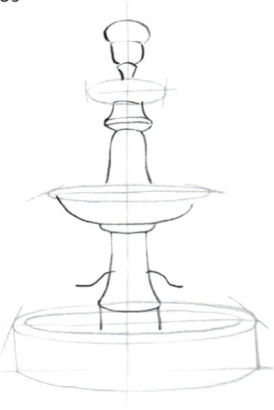
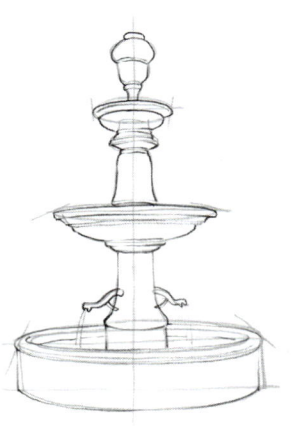

A partir de este esquema, podemos hacer más compleja la fuente y añadir distintos niveles. Los círculos de cada piso tendrán el mismo punto de fuga que la base.

La parte central puede incluir pequeñas curvas. El conjunto siempre mantiene bien la simetría.

TERMINAR EL DIBUJO A BOLÍGRAFO

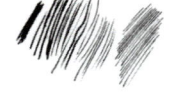

El bolígrafo permite, igual que el lápiz, matizar la intensidad del trazo y obtener desde un ligero gris hasta un negro intenso. Basta con apretar más o menos y superponer los trazos.

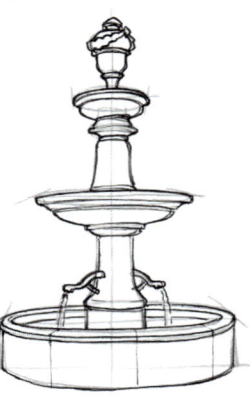
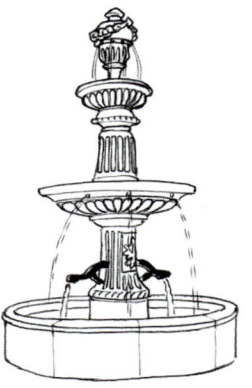
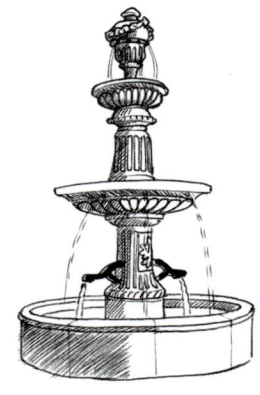

Empezamos repasando todo con bolígrafo y, a continuación, borramos las líneas del boceto.

Podemos añadir numerosos motivos decorativos. El agua cae en curva por la presión.

Terminamos con pequeños sombreados en las zonas oscuras.

UNA IGLESIA

La forma física de una iglesia la compone un paralelepípedo en perspectiva, al que se añaden un campanario y tejados a dos aguas.

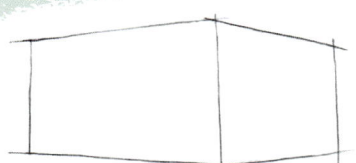

Comenzamos, por tanto, por un volumen básico que definirá el ángulo de visión y la perspectiva del conjunto.

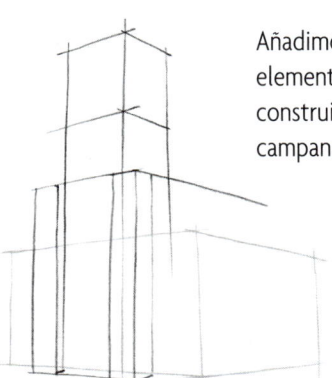

Añadimos varios elementos para construir el campanario.

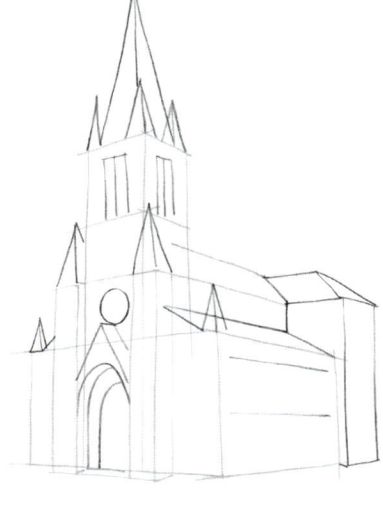

Prolongamos el conjunto hacia arriba y hacia atrás, siempre manteniendo la perspectiva. Los tejados son a dos aguas y están centrados sobre los volúmenes en los que se asientan.

Podemos agregar pequeños contrafuertes.

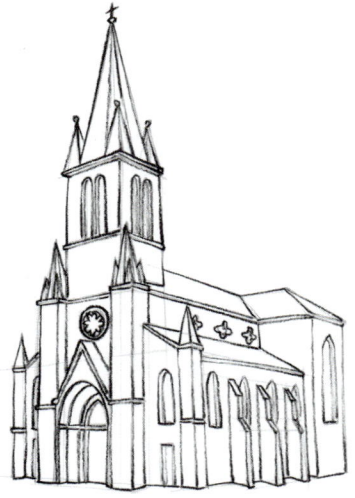

Para finalizar, añadimos los motivos y los detalles.

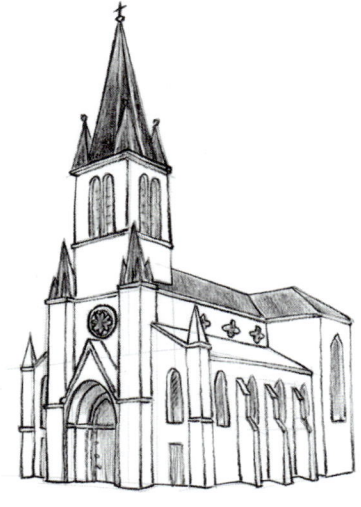

TERMINAR EL DIBUJO A CARBONCILLO Y A LÁPIZ NEGRO

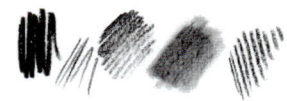

El carboncillo es muy negro y polvoriento. Se puede, por lo tanto, difuminar frotándole con el dedo o un trozo de cartón. Cuidado, el carboncillo genera mucho polvo superfluo que habrá que retirar del dibujo soplando sobre él. El lápiz negro permite realizar detalles pequeños.

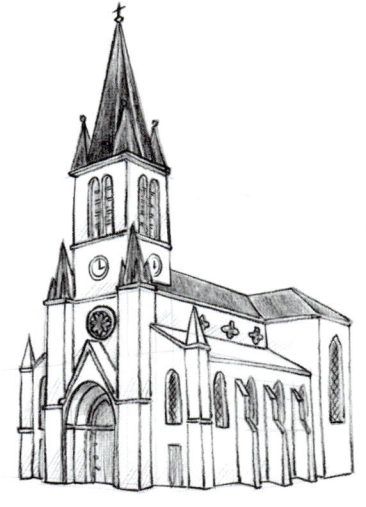

Repasamos el conjunto de nuestra iglesia al carboncillo, al que puede sacarse punta para hacerlo un poco más fino.

Añadimos textura a los tejados, puertas y ventanas; después, frotamos para difuminarlo. Repitiendo esta operación obtendremos más intensidad.

Añadimos pequeños detalles con el lápiz negro.

UN INVERNADERO

A menudo, las particularidades de un invernadero son un tejado redondeado y la transparencia.

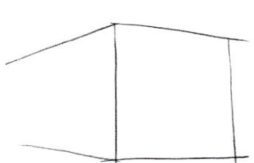

La base del invernadero podemos encontrarla en un paralelepípedo en perspectiva.

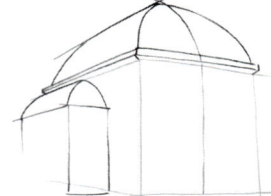

Para dibujar la techumbre curvada, trazamos una línea central en la fachada, como para el tejado apuntado, pero que, esta vez, continuará curvándose. Después, unimos esta línea a los laterales, siempre en curva.

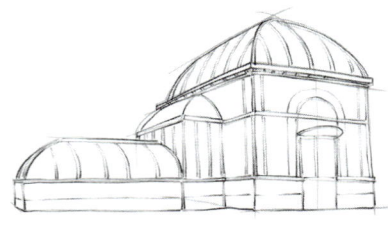

Añadimos pequeños edificios al primero...

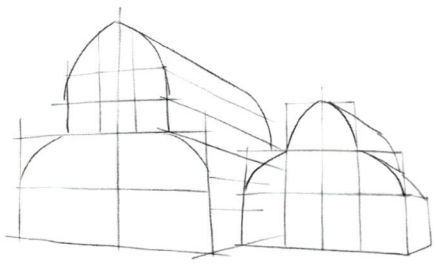

A partir de una misma base, se puede hacer más compleja la construcción.

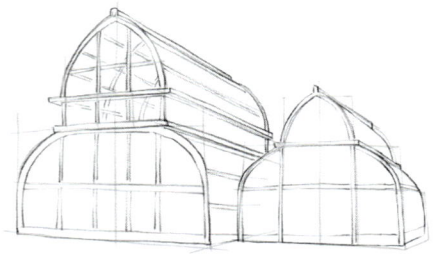

... para terminar con los detalles de las fachadas y del tejado.

Añadiendo armazones a las fachadas, podemos trazar otros más ligeros a los laterales, que serán visibles a través de los primeros. Esto proporcionará transparencia.

TERMINAR EL DIBUJO CON DOS LÁPICES DE GRAFITO

Se pueden utilizar en un mismo dibujo lápices de grafito de diferente intensidad.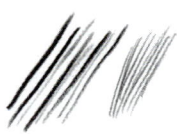

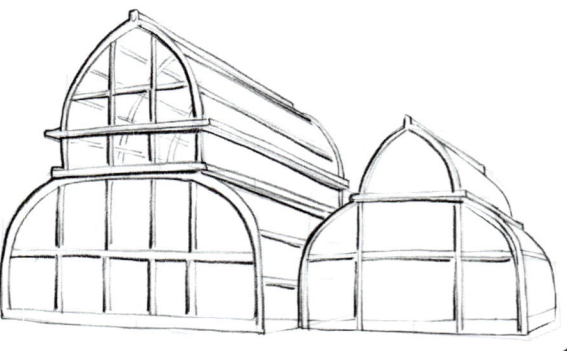

Finalmente, con pequeños sombreados, damos un poco de materia a la base de las fachadas antes de añadir los armazones.

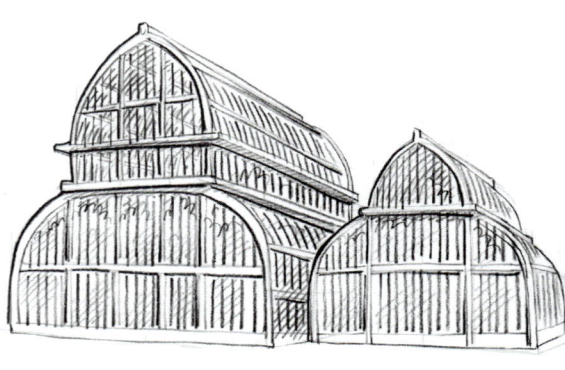

Con el lápiz más seco, añadimos plantas en el interior del invernadero y dibujamos pequeños armazones en el interior del tejado.

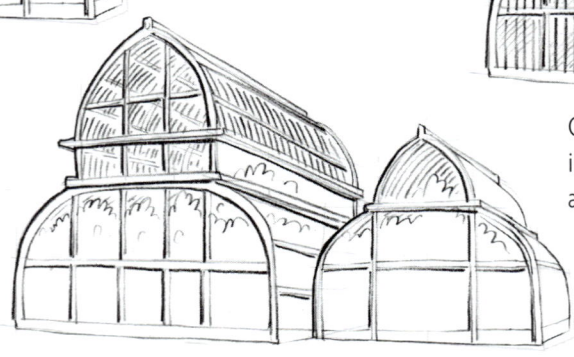

Resaltamos un lado de los armazones con el lápiz más graso para crear una sombra y estabilizar el conjunto.

QUIOSCO Y MOBILIARIO URBANO

Ya sea un quiosco de música o una columna Morris, siendo la forma básica un cilindro, se trata de trazar círculos en perspectiva. La particularidad se encuentra en las florituras y los chapiteles.

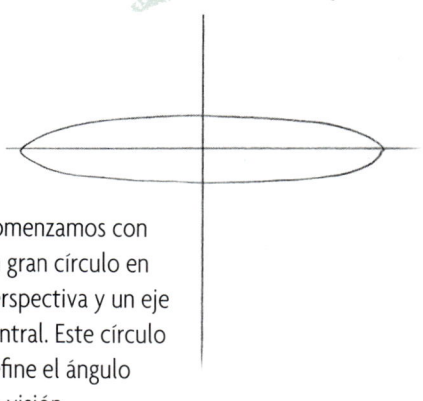

Comenzamos con un gran círculo en perspectiva y un eje central. Este círculo define el ángulo de visión.

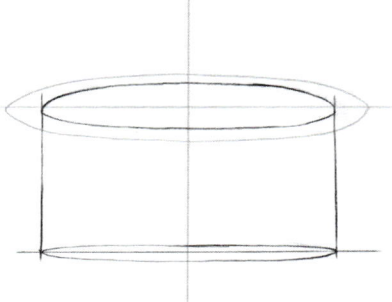

Dibujamos un gran cilindro en el interior del primer círculo.

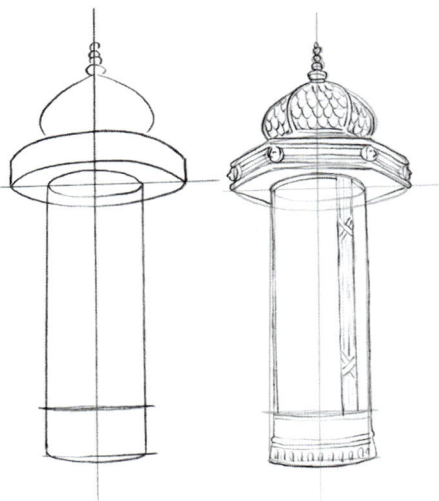

A esta estructura le añadimos un tejado curvo, los pilares y la plataforma.

Al terminar nuestro dibujo, damos espesor a las columnas añadiéndoles detalles, así como a la balaustrada y al techo.

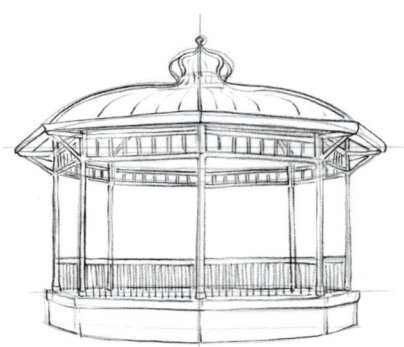

Para dibujar una columna Morris, el principio es el mismo. Es la proporción entre los distintos elementos lo que cambia.

TERMINAR EL DIBUJO A ROTULADOR BISELADO Y A ROTULADOR FINO

Según la manera de orientarlo, un rotulador biselado permite obtener tanto trazos gruesos y negros como trazos algo más finos.

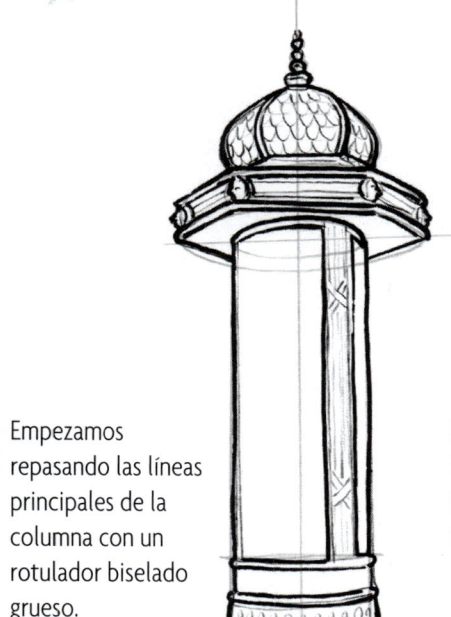

Empezamos repasando las líneas principales de la columna con un rotulador biselado grueso.

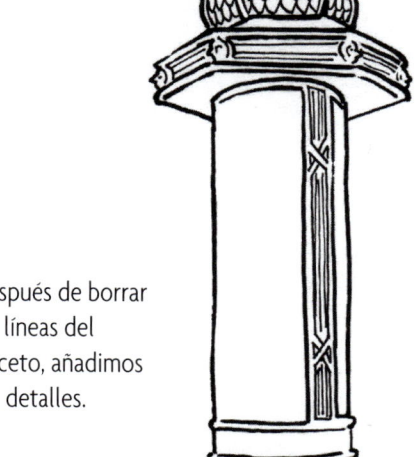

Después de borrar las líneas del boceto, añadimos los detalles.

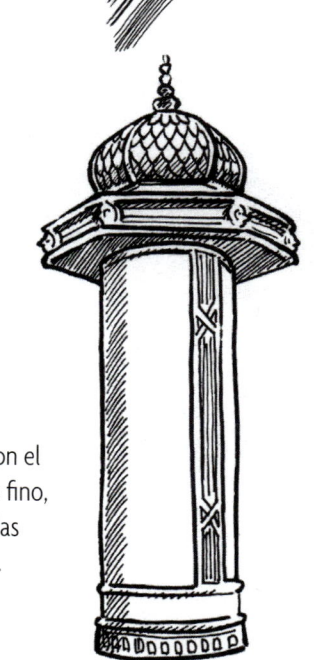

Finalmente, con el rotulador más fino, sombreamos las zonas oscuras.

INMUEBLE ESTILO HAUSSMANN

Al diseñar un inmueble imponente, se representa sobre todo una fachada. Y en el caso de un inmueble de estilo Haussmann, hay numerosas plantas y detalles en perspectiva.

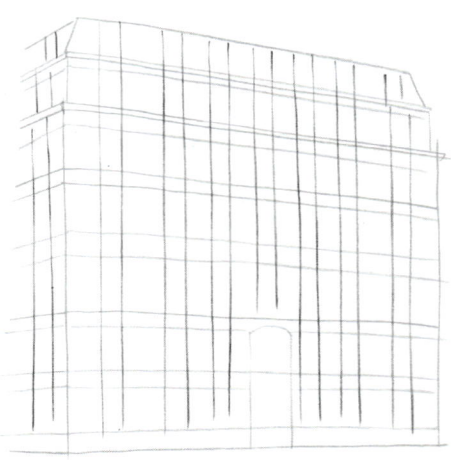

Las líneas verticales, paralelas en los bordes del inmueble, ayudan a no dibujar ventanas inclinadas.

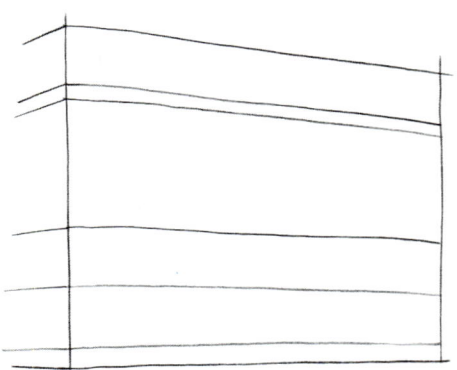

Para asegurarnos de ir en la buena dirección, es mejor construir las líneas de la fachada en perspectiva.

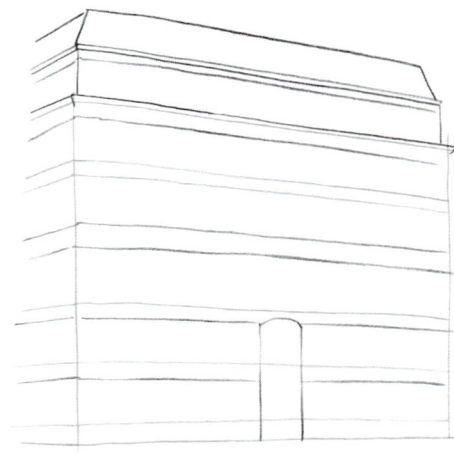

Este tipo de inmueble consta generalmente de seis plantas.

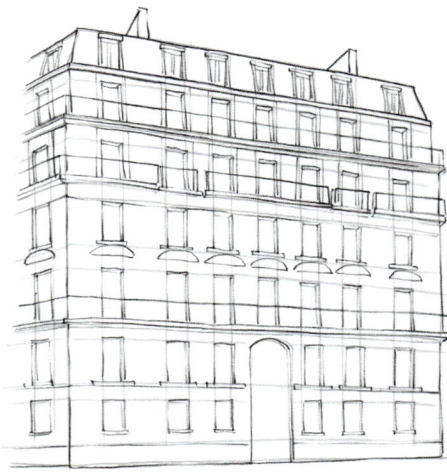

En esta cuadrícula situamos, a continuación, las ventanas, los balcones y algunos detalles.

TERMINAR CON UN PORTAMINAS CRITÉRIUM

El portaminas Critérium no permite matizar demasiado el espesor del trazo. Sin embargo, su finura posibilita trabajar con minuciosidad. Si se desea finalizar el dibujo con portaminas Critérium, es mejor haberlo empezado con el mismo instrumento.

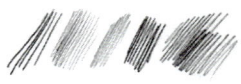

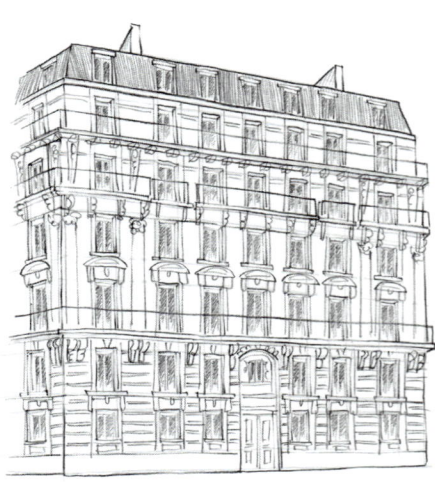

Seguimos añadiendo nuevos detalles y textura al tejado y a las ventanas.

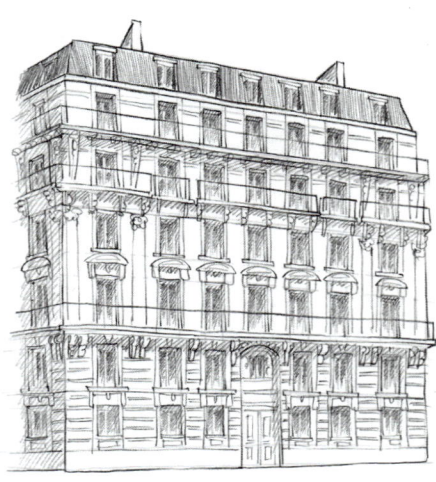

Terminamos con las sombras y las rejas de los balcones.

UN TRAGALUZ

Un tragaluz es una pequeña ventana que corta la pendiente de un tejado. Así, las líneas del tejado no estarán orientadas en la misma dirección que las del tragaluz.

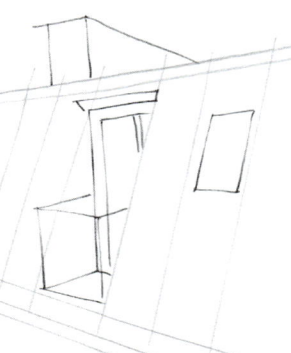

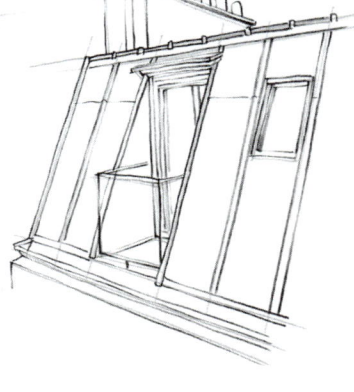

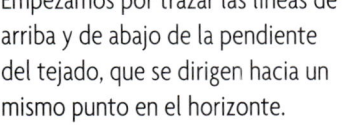

Situamos en esta pendiente una ventana con líneas verticales.

Podemos, finalmente, aportar estilo y detalles al conjunto.

Empezamos por trazar las líneas de arriba y de abajo de la pendiente del tejado, que se dirigen hacia un mismo punto en el horizonte.

Trazamos a continuación líneas en pendiente. Estas definen la inclinación del tejado.

Podemos incluir un tejadillo a dos aguas cubierto de tejas...

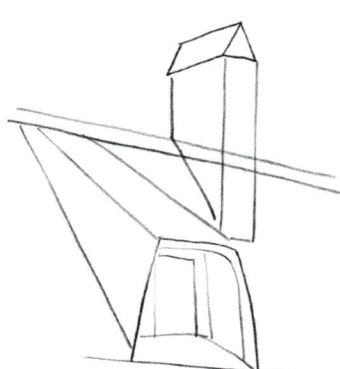

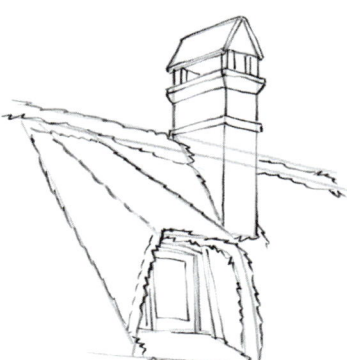

... o cubrir el tragaluz de paja y darle una forma redondeada.

TERMINAR EL DIBUJO A LÁPIZ NEGRO

El lápiz negro permite obtener bonitos negros, pero también trazos suaves y polvorientos si no se aprieta demasiado. Cuidado, ya que no se borra bien.

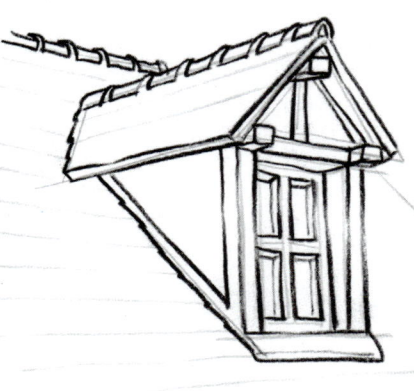

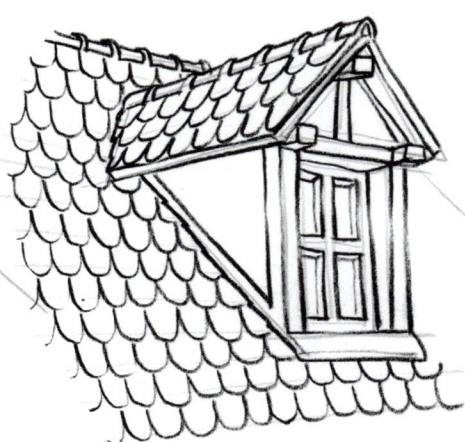

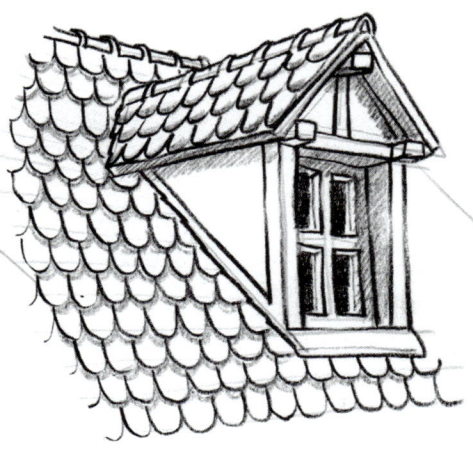

Empezamos dibujando el conjunto del tragaluz y del tejado añadiendo espesor a los elementos.

Sobre las líneas horizontales del tejado, añadimos pequeñas tejas.

Finalmente, trazamos las sombras y oscurecemos el interior de los cristales.

LA GRAN MURALLA CHINA

Cuando se dibuja un conjunto arquitectónico y el suelo cambia de forma y orientación bajo distintos elementos, no es necesario dibujar perfectamente en perspectiva el mínimo detalle. Lo principal es que cada elemento sea estable y que lo que está lejos sea más pequeño que lo que se encuentra en un primer plano.

A este primer elemento le añadimos los siguientes, que se alejan progresivamente. Las murallas unen las construcciones, abrazan el suelo y por tanto son curvas.

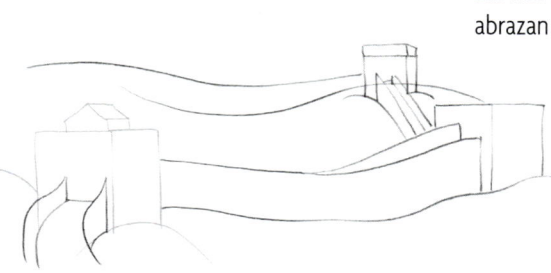

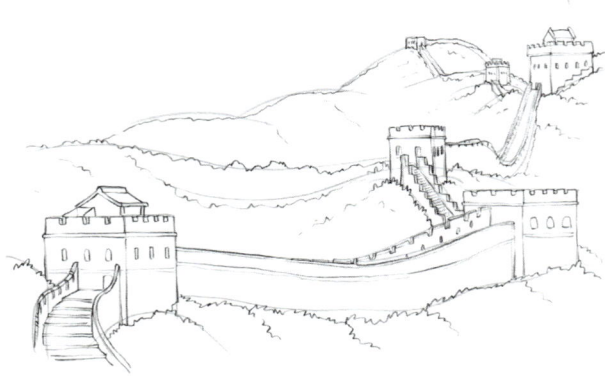

Empezamos preferentemente por el elemento del primer plano, sin necesidad de representar el suelo. Lo principal es que las líneas verticales y las horizontales sean estables.

Añadimos los detalles. Los del primer plano son más visibles y recargados que los del fondo.

TERMINAR EL DIBUJO A ROTULADOR CON PUNTA DE PINCEL

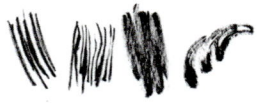

Un rotulador viejo proporciona un trazo menos negro, pero aun así puede resultar más vigoroso y arriesgado. El instrumento también puede escogerse en función del tema.

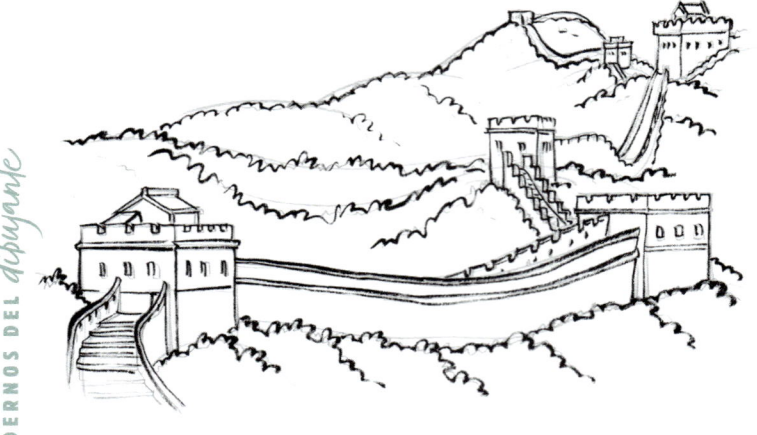

Repasamos el conjunto con el rotulador, acentuando el primer plano y atenuando el fondo.

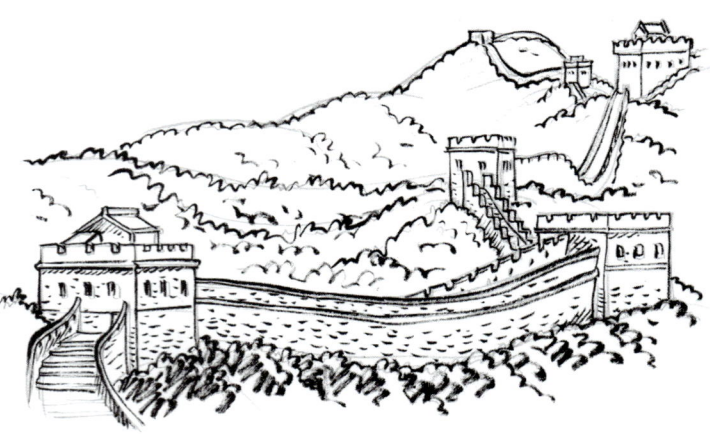

Añadimos detalles al primer plano.

UN CASTILLO

Un castillo se compone principalmente de torres y murallas.

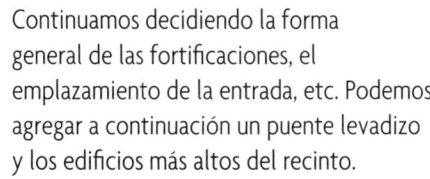

Continuamos decidiendo la forma general de las fortificaciones, el emplazamiento de la entrada, etc. Podemos agregar a continuación un puente levadizo y los edificios más altos del recinto.

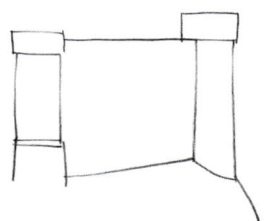

Empezamos dibujando una torre; después, le añadimos un muro, que a su vez termina con otra torre.

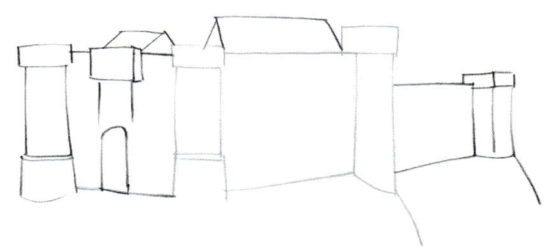

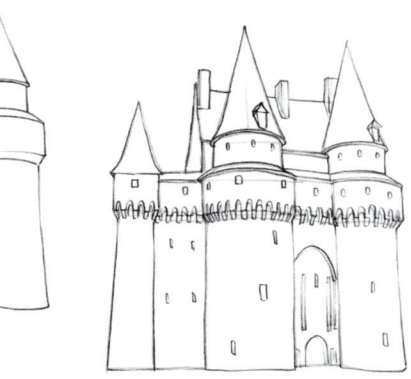

Finalmente, añadimos los detalles, las almenas y otras florituras que le proporcionarán su estilo.

Visto de cerca, podemos entrar en los detalles.

TERMINAR EL DIBUJO A TINTA Y A PLUMA

La pluma es un instrumento rígido que araña el papel. Permite líneas más o menos finas y, sobre todo, compactas y sueltas.

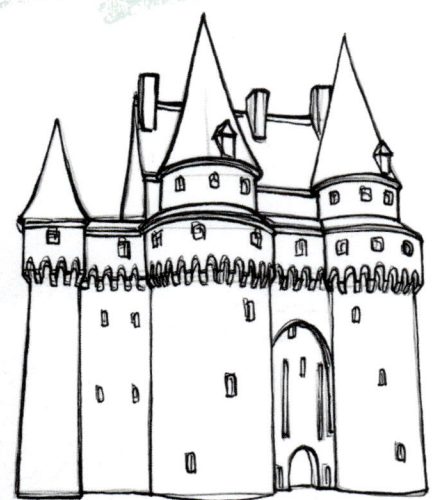

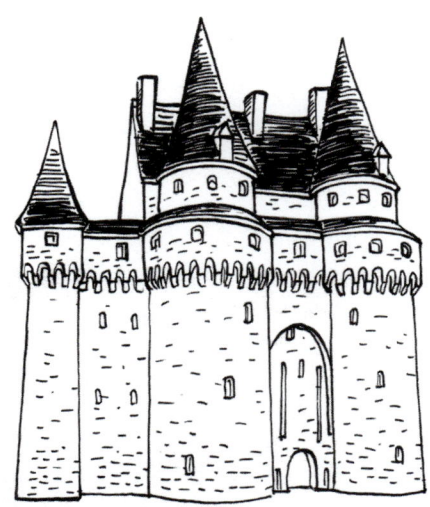

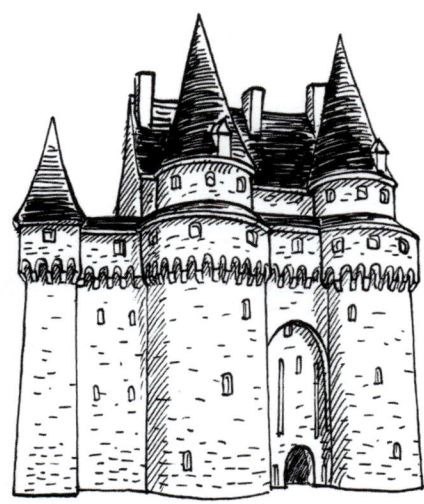

Comenzamos repasando el conjunto con la pluma.

Sugerimos las piedras de la muralla con pequeños trazos horizontales. Oscurecemos los tejados con grandes trazos siguiendo su orientación y dejando una zona blanca en un lateral y en la parte superior para mantener la luz.

Finalmente, terminamos con pequeños sombreados en las zonas oscuras.

EL COLISEO

El dibujo del Coliseo empieza como el de una torre, pero mucho más ancha. La dificultad reside en la perspectiva en curva de cada abertura y en los distintos niveles de los muros. Para que los extremos de una curva permanezcan al mismo nivel, es importante trazar la línea horizontal que los une.

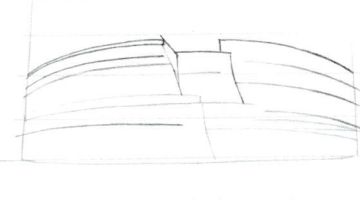

Continuamos trazando los niveles. Visto desde este ángulo, se ven distintas capas de muros que no son del mismo grosor.

Empezamos por situar la base curva del edificio, que aquí está prácticamente a nivel de nuestros ojos y, por tanto, del horizonte.

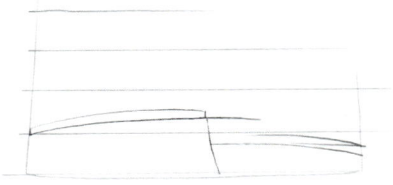

Trazamos varias líneas horizontales para los niveles y añadimos una segunda curva.

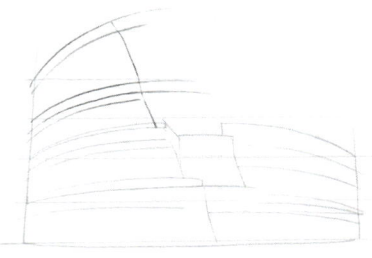

Terminamos con el último nivel, que es muy curvo, puesto que está mucho más alto que el horizonte.

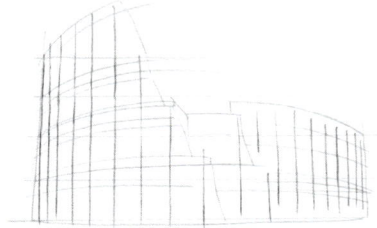

Trazamos a continuación las líneas verticales de las aberturas...

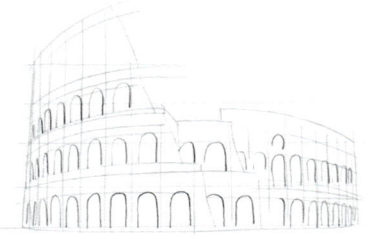

... entre las que dibujamos las puertas.

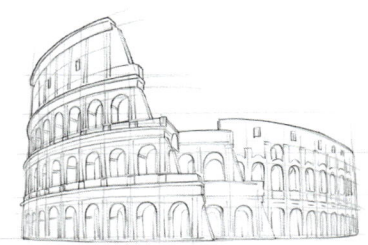

Para terminar, añadimos los detalles, las columnatas, etc.

TERMINAR EL DIBUJO A LÁPIZ DE GRAFITO

Con un lápiz de grafito se puede aportar volumen de forma progresiva creando sombras, dar un efecto de determinada materia, de textura... o incluso volver a marcar ciertos trazos, preferiblemente los que están a la sombra.

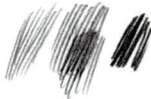

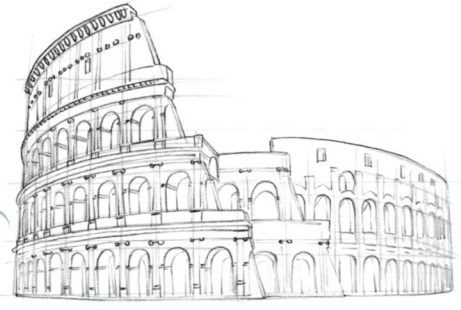

Seguimos añadiendo los detalles más pequeños.

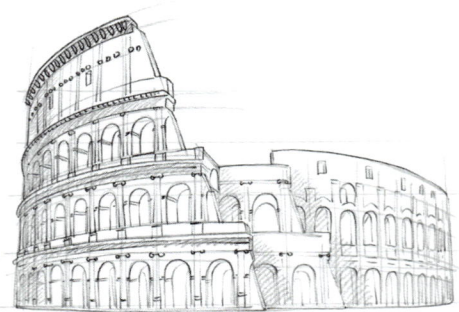

A continuación, damos volumen añadiendo las sombras en varias capas hasta llegar al negro en los huecos.

UN TEMPLO JAPONÉS

Un templo japonés es una superposición de volúmenes simples y tejados curvos. El conjunto se completa con numerosas florituras.

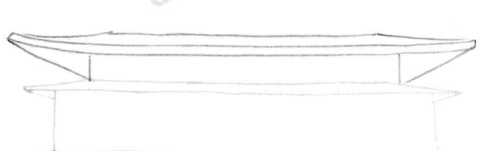
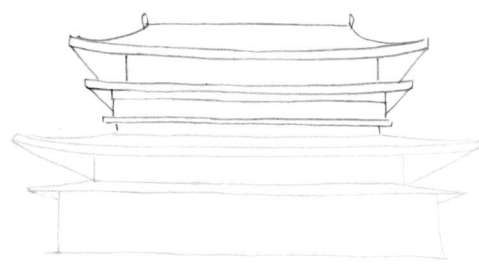
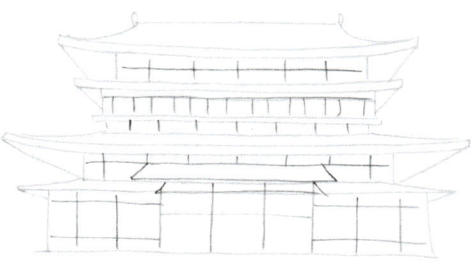

Empezamos por la base alternando un paralelepípedo y un tejado que sobresale por los laterales.

De frente, la perspectiva es visible en los laterales del tejado, que se dirigen hacia el horizonte. Cuanto más altas son las plantas, más visible es la parte de abajo de los tejados.

Trazamos una cuadrícula sobre las fachadas para poder añadir los numerosos detalles.

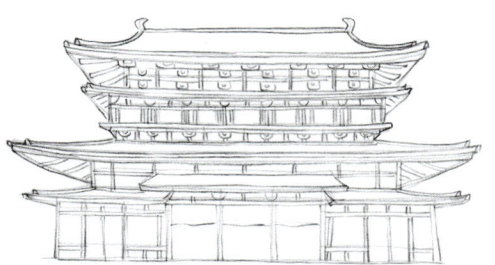

La pagoda que acompaña al templo, aunque es más estrecha, se construye de la misma manera pero sobre un eje central, como para dibujar una torre, pero se añaden muchos más detalles.

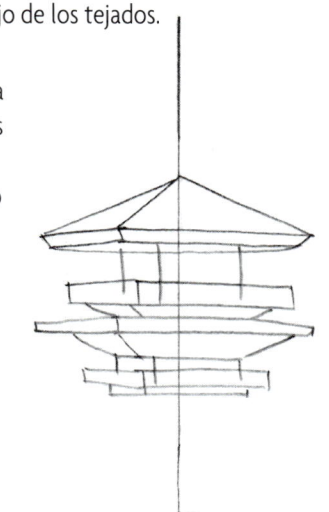
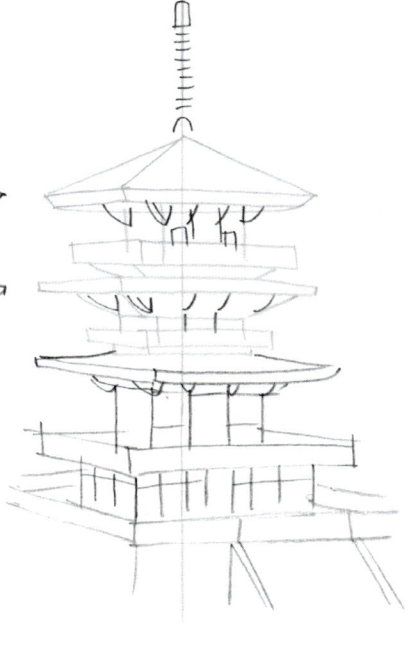

Finalmente, decoramos el conjunto.

TERMINAR EL DIBUJO A BOLÍGRAFO DE TINTA LÍQUIDA

La ventaja del bolígrafo de tinta líquida es que no es necesario sumergirlo constantemente en la tinta y así se evitan las manchas. Sin embargo, según el tipo de bolígrafo, las líneas sólidas y las sueltas no están siempre tan marcadas.

Después de borrar las líneas del boceto a lápiz, añadimos las sombras y las líneas en los tejados siguiendo su curvatura.

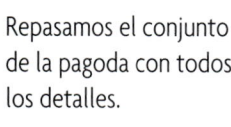
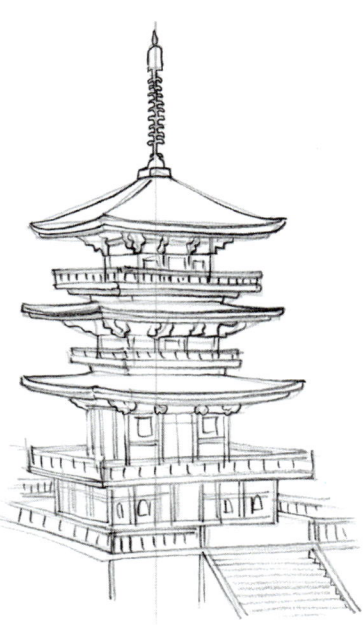
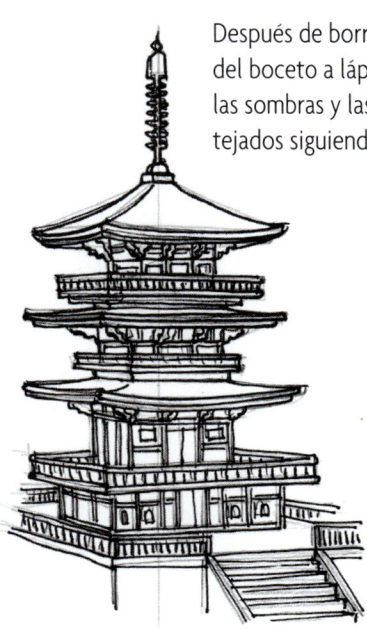
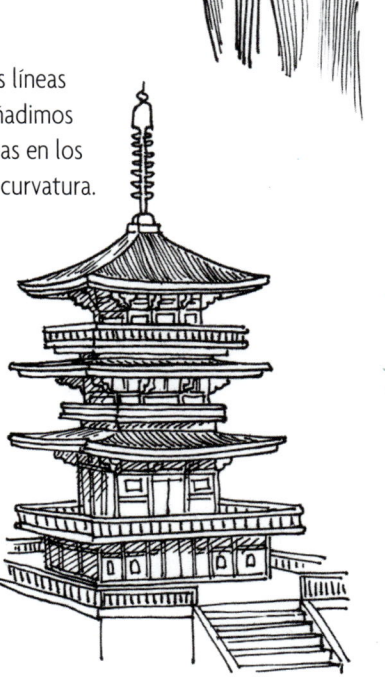

Repasamos el conjunto de la pagoda con todos los detalles.

UN PALACIO VENECIANO

La forma básica de un palacio veneciano es muy simple. Sin embargo, al estar las fachadas tan ricamente adornadas, realizar una estructura preparatoria para el dibujo de los detalles puede ser de gran ayuda.

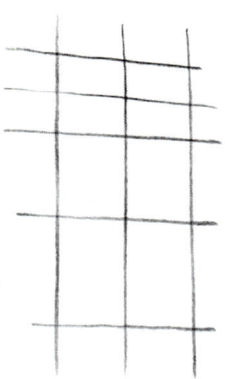 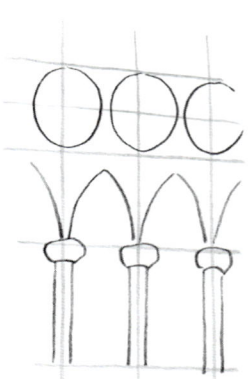 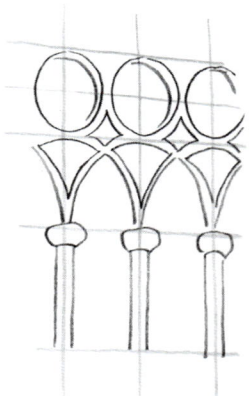

Para realizar las pequeñas aberturas de los balcones con florituras, comenzamos por las grandes líneas verticales y horizontales.

Situamos a continuación las columnas, los arcos ojivales y los círculos.

Después, dibujamos los detalles más complejos.

Finalmente, podemos centrarnos en el dibujo de una fachada del palacio. Después de haber situado las líneas principales en perspectiva, estructuramos los espacios entre las plantas para definir el emplazamiento de las ventanas.

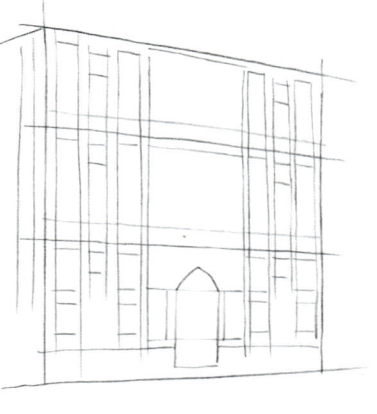 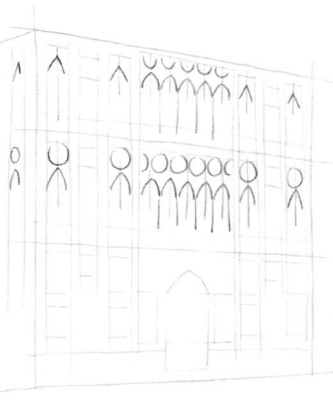 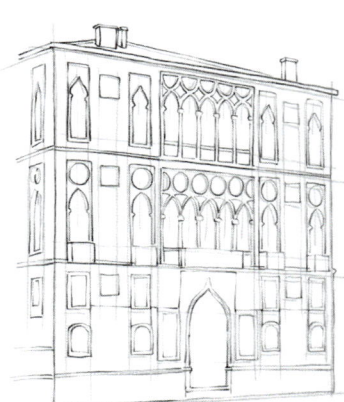

Añadimos las formas generales de las futuras florituras.

Terminamos el conjunto de las líneas principales.

TERMINAR A LÁPIZ SECO DE GRAFITO

Los lápices de grafito de la gama H son más secos y, por tanto, más precisos. Sin embargo, no se borran demasiado bien y es difícil obtener matices muy oscuros.

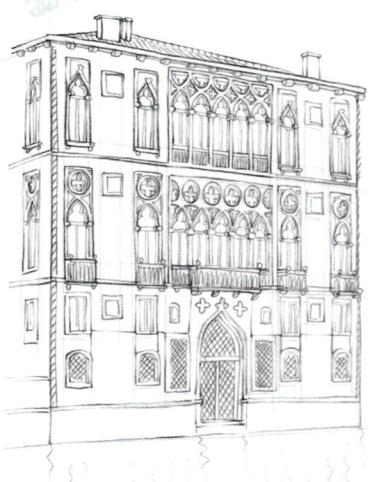 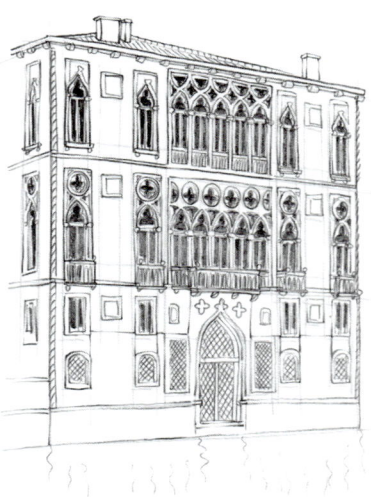 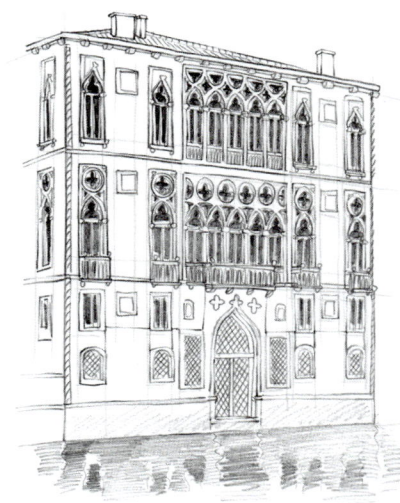

Podemos dibujar pequeños detalles, sin miedo, en nuestro diseño ya desarrollado.

Oscurecemos el interior de las aberturas para aportar volumen y contraste.

Terminamos con un poco de materia bajo la fachada y los reflejos en el agua del canal.

LA CATEDRAL DE SAN BASILIO

Para dibujar esta catedral moscovita es necesario realizar los distintos elementos separadamente, sin intentar incluirlos en una forma global. Sin embargo, hay que tener en cuenta el tamaño de cada uno en relación con los dibujados previamente.

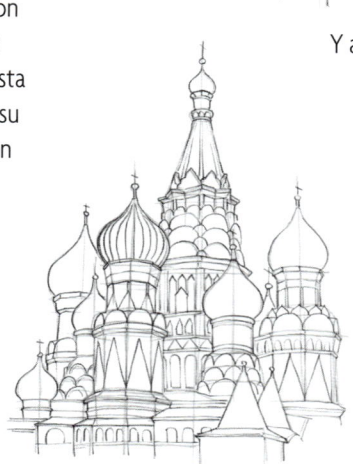

Empezamos por una primera torre terminada en una cúpula abulbada, situándola en un primer plano. El conjunto es una superposición de cilindros de diferentes tamaños sobre un eje central.

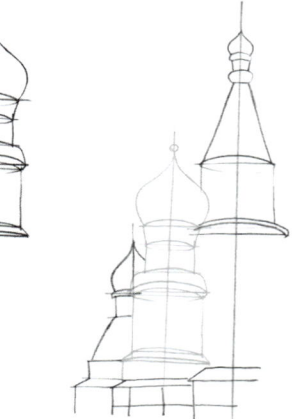

Podemos seguir con las siguientes a un lado y a otro de esta torre, verificando su tamaño en relación con la primera.

Y así sucesivamente...

Podemos comenzar a añadir los detalles de las líneas principales y los trazos de construcción para situar el resto de los motivos.

Finalmente, terminamos los motivos principales. La decoración de esta catedral es tan compleja que más vale proceder por etapas.

TERMINAR EL DIBUJO A LÁPIZ DE GRAFITO

Con un lápiz de grafito se puede aportar volumen progresivamente creando sombras, dar un efecto de determinada materia, de textura... o incluso volver a marcar ciertos trazos, preferiblemente los que están a la sombra.

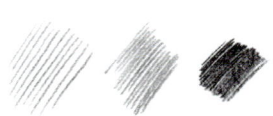

Podemos añadir progresivamente todos los detalles. Las cúpulas se adornan con numerosos travesaños o líneas curvas.

Para terminar, añadimos las zonas oscuras con pequeños sombreados para dar volumen y profundidad a los distintos planos.

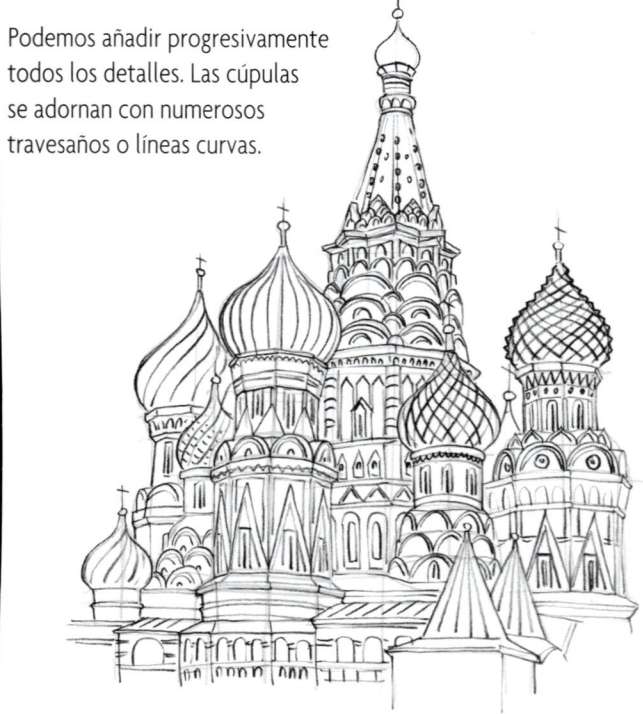

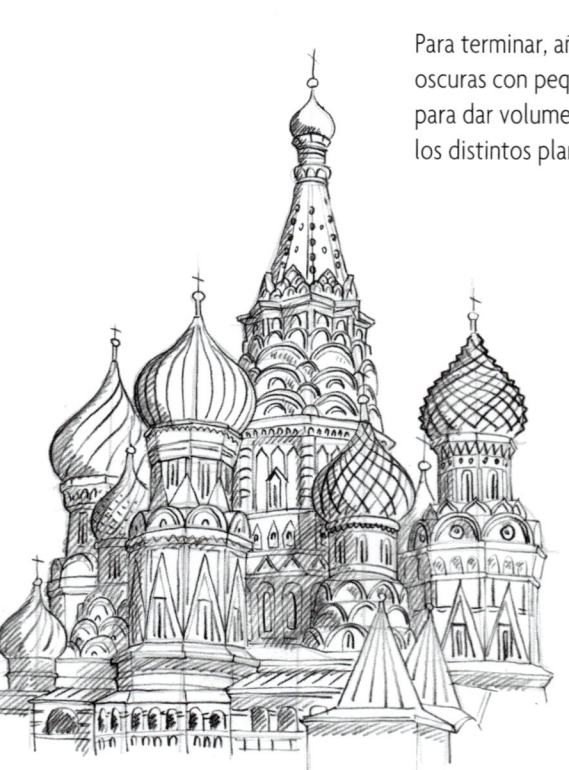

LISE HERZOG nació en 1973 en

Alsacia. Su vida comienza con un bolígrafo en la mano, llenando hojas de papel DIN A4 de bocetos y dibujos. En su búsqueda de precisión, Lise observa y repite sus dibujos día tras día, segura de haber encontrado la forma de representar las cosas e insatisfecha con el resultado al día siguiente. Entonces, vuelve a empezar. Y así, con toda naturalidad, prosigue su búsqueda en la universidad de Artes plásticas y luego en la de Artes decorativas en Estrasburgo. En 1999, con su diploma en el bolsillo, se decide a presentar sus cuadernos de dibujo a distintas editoriales, y así comienza su carrera como ilustradora. Ese mismo año, es seleccionada en la Feria del libro de Bolonia. Desde entonces, ha ilustrado numerosos libros, para niños y adultos, obras de ficción y documentales.

SU PÁGINA WEB
http://liseherzog.ultra-book.com/

SUS BLOGS
http://liseherzog.blogspot.fr/
http://machambredebonne.blogspot.fr/

OTROS LIBROS DE LISE HERZOG
PUBLICADOS EN ESTA MISMA EDITORIAL

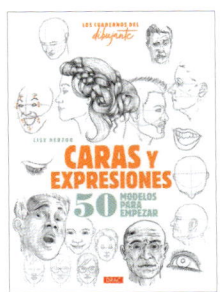
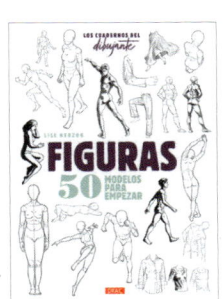
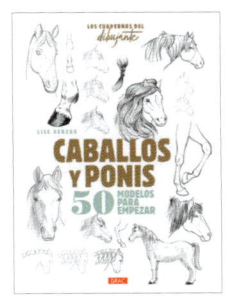
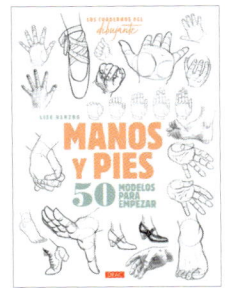

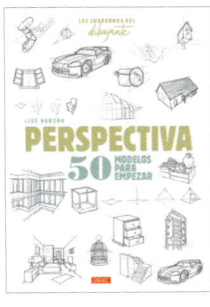
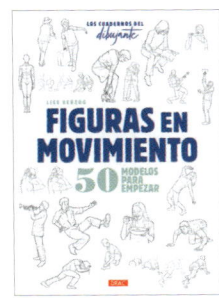
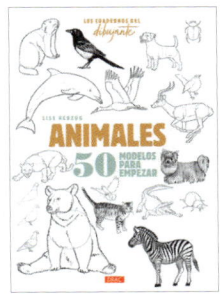